Suchtverhalten

Abhängigkeiten im Alltag

CORNELIA ZENNER | GÜNTER KRAPP

Lehrerheft

In verschiedenen Hinweisen dieses Hefts wird auf Internetadressen verwiesen. Alle Internetadressen, Internet-Medien und -Dateien, die in diesem Heft aufgeführt werden, wurden sorgfältig vor der Drucklegung auf ihren Inhalt überprüft. Der Verlag übernimmt keine Gewähr für deren Aktualität und Verfügbarkeit sowie den Inhalt dieser Adressen und solcher, die mit diesen verlinkt sind.

www

Inhalt

Ein komplexes und wichtiges Thema

Das Thema „Suchtverhalten – Abhängigkeiten im Alltag“ ist für die Realschulen in Baden-Württemberg Pflichtthema im Schuljahr 2011/2012 in der Klassenstufe 10 im Fach Deutsch. Der Erarbeitung von Anforderungen der Abschlussprüfung im Fach Deutsch muss eine tiefgründige sachlich analytische und informative Beschäftigung mit der Thematik vorausgehen. Hierbei bieten nicht nur das Fach Deutsch, sondern auch andere Fächer und Fachverbünde in ihren Bildungsplänen verschiedene Ansatzpunkte, auf die an der einen oder anderen Stelle während der Arbeit zurückgegriffen werden kann.
Des Weiteren birgt dieses Thema die Gefahr, den Rahmen zu sprengen, nicht nur den zeitlichen, sondern auch den inhaltlichen, der aber für die Vorbereitung der schriftlichen Abschlussprüfung gewahrt und auch für die Schülerinnen und Schüler sichtbar bleiben muss. Nicht alle Teilbereiche der Thematik „Sucht“ – von den verschiedensten Arten von Süchten und deren Auswirkungen müssen im Unterricht thematisiert werden. Die genaue Analyse des Themas signalisiert zudem, dass die Sucht an sich gar nicht den Mittelpunkt des Argumentationsthemas bildet:

Suchtverhalten	Abhängigkeiten	Im Alltag
• Was ist Suchtverhalten? • Suchtverhalten beginnt vor der Sucht/Abhängigkeit • Woran erkennt man Suchtverhalten/süchtiges Verhalten? • Wie verhindert man den Schritt von Suchtverhalten zur Sucht? • Eigenes Suchtverhalten untersuchen	• Wovon kann man abhängig werden? • Was bedeutet „abhängig“? • Wie kann man Abhängigkeit entgegenwirken? • Warum wird der eine abhängig und ein anderer nicht? • Welche Einflussfaktoren für Abhängigkeit gibt es?	• Wie sieht der Alltag Jugendlicher aus? • In welchen alltäglichen Situationen kann Suchtverhalten entstehen? • Was ist bereits alltäglich und sollte es keinesfalls sein? • Wer oder was prägt meinen Alltag?

Und natürlich liegt ein Schwerpunkt darauf zu untersuchen, warum gerade Jugendliche gefährdet sind, ein Suchtverhalten zu entwickeln.
Ziel sollte es sein, die Jugendlichen für die Thematik zu sensibilisieren, ohne die aktuellen Entwicklungen zu dramatisieren. Es geht darum, Gefahren aufzuzeigen, Jugendliche aufmerksam zu machen und über Information zu versuchen, sie zum Beobachten ihres eigenen Verhaltens zu motivieren, sie zum Nachdenken anzuregen und sie zu sensibilisieren gegen die Verharmlosung des Konsums legaler Drogen. Und wir müssen verdeutlichen, dass jeder mit dieser Thematik konfrontiert werden kann. „Sucht geht uns alle an“ heißt nicht, dass wir alle süchtig sind, sondern dass wir uns den Präventionsbemühungen nicht verschließen dürfen. Demnach favorisieren wir nicht den erhobenen Zeigefinger als Methode oder gar Abschreckung. Wir denken, Jugendliche sind sehr wohl in der Lage, zwischen richtig und falsch zu unterscheiden, vielleicht haben sie etwas größere Schwierigkeiten bei der Unterscheidung von harmlos und gefährlich. Aber auf jeden Fall sind unsere Jugendlichen diejenigen, die immer selbst die Entscheidung treffen, etwas zu tun oder zu lassen. Für diese Entscheidungsfindung gilt es Hilfe anzubieten, die über Aufklärung, Information und jugendgemäße Prävention organisiert wird. Der moraliserende Zeigefinger und das Dramatisieren der illegalen Drogen gehören der Vergangenheit an. Suchtprävention erfordert eine ganzheitliche Gesundheitsorientierung und -erziehung, die die Chancen eines selbstbestimmten und gesunden Lebensstils in den Mittelpunkt stellt.
Vor diesem Hintergrund werden die Schwerpunkte, die wir im Schülerheft gesetzt haben, nachvollziehbar. Alkohol als gesellschaftlich tolerierte Droge, Nikotin als Einstiegsdroge in vielleicht sogar illegalen Drogenkonsum, mindestens aber auch in den Cannabiskonsum. Zudem ist nachgewiesen, dass ein früher Einstieg in den Alkohol- oder Nikotinkonsum das Risiko einer späteren Abhängigkeit enorm erhöht und ist somit prädestiniert für die Arbeit am Thema mit Jugendlichen.
Die nichtstofflichen Süchte (Verhaltenssüchte) sind repräsentiert durch die Online- und Computer-

sucht. Wichtig ist bei der Erarbeitung des Themas auch, den Jugendlichen das Gefühl zu geben, dass sie ernst genommen werden, dass ihnen ihre Entscheidungsfreiheit zugebilligt wird. Aber sie sollen auch begreifen, dass ihnen die Verantwortung übertragen ist, ihre Freiheit zwar zu genießen, doch auch zu organisieren. Wir versuchen auf der einen Seite, bereits rückläufige Tendenzen im Drogenkonsum zu zeigen, andererseits aber auch die zunehmende Entwicklung von Extremen im Umgang mit Suchtstoffen zu thematisieren, z. B. das „Binge-Drinking" („Komasaufen") oder besorgniserregende Entwicklungen im Bereich der Verhaltenssüchte wie Internet- oder Computersucht u. a., ohne diese, wie vielerorts zu beobachten, zu dramatisieren.

Wir wünschen Ihnen und Ihren Schülerinnen und Schülern eine offene Auseinandersetzung!

Informationssuche

Das Thema „Sucht und Suchtprävention" ist in verschiedensten Institutionen präsent und wird von dort aus medial multipliziert. Wenn Schüler in die Recherchephase gehen, werden sie im Internet von unzähligen Angeboten überschüttet, die teilweise auch gegenteilige Positionen vertreten. Daher erscheint es manchmal zweckmäßig, einige Rechercheangebote zu unterbreiten, um den Schülern vor allem zeitlich Hilfe zu geben. Auch sind in den Schulen verschiedene Broschüren vorhanden, die zunächst sehr guten Überblick über einzelne Teilbereiche des Themas geben können.

Hier einige gute „Adressen" für Informationsmaterial:

www

Weitere Hinweise sind im Schüler- und hier im Lehrerheft angegeben. Dies gilt auch für interessante Informationsbeiträge des Fernsehens, z. B. der ARD-Mediathek.

- BZgA – Bundeszentrale für gesundheitliche Aufklärung mit den Kampagnen „Kenn dein Limit" und „Du bist stärker als der Alkohol", „NA TOLL!"
- drugcom – Internetportal der BZgA, in dem viele Informationen zu Drogen bereitgestellt werden, aber auch eine Sensibilisierung für das eigene Verhalten gefördert wird
- Deutsche Hauptstelle für Suchtfragen e. V.: www.dhs.de

Zudem ist die Bereitstellung aktuellen statistischen Materials vonnöten, um der Aktualität des Themas, aber auch den Entwicklungstendenzen in bestimmten Bereichen gerecht zu werden. Folgende Quellen sind empfehlenswert:

- Drogen- und Suchtbericht, Mai 2011 (www.drogenbeauftragte.de)
- BZgA – aktuelle Repräsentativbefragungen und Trends (z. B. Alkohol, Tabak, Cannabis)
- BZgA – „Alkoholspiegel"

Begrifflichkeiten

Mit einer guten informativen, sachlichen Arbeitsgrundlage einher geht die Suche nach verbindlichen Begrifflichkeiten. Diese ist nicht ganz einfach, denn im Laufe der Zeit ergeben sich neue Entwicklungen allein schon im Alltag der Menschen, die in Definitionen mit einbezogen werden müssten. Daher sollte Ausgangspunkt der Arbeit folgender Sachstand sein:

Suchtverhalten

Sucht wird gerne im Zusammenhang mit „Suchen" gedeutet. Der Wunsch nach Glück und Erfüllung im Leben führe dazu, dass wir auf der Suche nach etwas sind, dass dies bewirkt. Diese Suche kann zur Sucht führen, wenn die Suche uns gefangen nimmt. „Sucht" stammt jedoch vom Wort „siechen" ab – Krankheiten sind die Folgen eines riskanten Suchtmittelkonsums.

Der entscheidende Faktor für den Weg in die Abhängigkeit ist das eigene Verhalten, welches von einem selbst, aber auch von der Umwelt und von gesellschaftlichen Faktoren beeinflusst wird. Suchtverhalten ist also nicht durch die Menge oder Häufigkeit eines Suchtmittelkonsums definiert, sondern durch Aktionen, Denkweisen und Einstellungen dazu. Das impliziert offensichtlich, dass wir alle zu verschiedensten Gelegenheiten dazu neigen, süchtiges Verhalten zu entwickeln. Aber das geschieht meist unbewusst.

Demnach sind es auch Auffälligkeiten im Verhalten, die auf eine mögliche Abhängigkeit hinweisen:

- Passivität und Unselbstständigkeit
- mangelndes Selbstvertrauen
- zögerliches Handeln
- fehlende Bereitschaft, Konflikte durchzustehen
- geringe Fähigkeit, Probleme zu bewältigen
- überzogene Leistungsanforderungen an sich selbst
- Schwierigkeiten, Kontakte zu finden oder häufiger Wechsel des Freundeskreises
- soziale Isolierung/Zurückgezogenheit
- Schweißausbrüche, Händezittern, Schlaflosigkeit
- körperliche Verwahrlosung und Konzentrationsstörungen
- Einbruch der schulischen Leistungen, häufiges Schwänzen
- hoher Geldbedarf
- Unehrlichkeit, häufige Ausreden
- hohe Zeitinvestitionen, die nicht erklärt werden können
- Gesprächen ausweichen
- intensivierte, „normale" Verhaltensweisen

Abhängigkeit und Sucht

Die Begriffe „Abhängigkeit" und „Sucht" werden synonym gebraucht.

WHO – Abhängigkeit von einer Substanz

Die Weltgesundheitsorganisation (WHO) verwendet den Begriff „Sucht" nicht mehr, definiert stattdessen „Abhängigkeit" als einen seelischen oder auch körperlichen Zustand, der dadurch charakterisiert ist, dass ein Mensch trotz körperlicher, seelischer oder sozialer Nachteile ein unüberwindbares Verlangen nach einer bestimmten Substanz hat, das er nicht mehr steuern kann und von dem er beherrscht wird. Durch zunehmende Gewöhnung an das Suchtmittel besteht die Tendenz, die Dosis zu steigern. Einer Abhängigkeit liegt der Drang zugrunde, die psychischen Wirkungen des Suchtmittels zu erfahren, zunehmend auch das Bedürfnis, unangenehme Auswirkungen ihres Fehlens (Entzugserscheinungen wie Unruhe, Schlafstörungen, Kopfschmerzen, Angstzustände, Schweißausbrüche) zu vermeiden.

Stoffgebundene Süchte/stoffliche Süchte

Nach der WHO sind diese **Abhängigkeit schaffenden Substanzen** wie folgt klassifiziert:

- Alkohol
- Opioide (Schmerzmittel, Heroin, Opium, Morphium)
- Cannabinoide
- Sedativa oder Hypnotika (Beruhigungs- und Schlafmittel)
- Kokain (Crack)
- Stimulanzien (Koffein, Tein, Amphetamine, Speed, Aufputschmittel, Medikamente)
- Tabak (Nikotin)
- Halluzinogene (LSD, Ecstasy, Mescalin, Amphetamine, Speed)
- flüchtige Lösungsmittel (Klebstoffe, Lösungs- und Reinigungsmittel, Benzin, Farben)
- multipler Substanzgebrauch und Konsum anderer psychotroper Substanzen

WHO – Kriterien für Abhängigkeit

Von einer Abhängigkeit wird gesprochen, wenn mindestens drei der folgenden Kriterien während des letzten Jahres gemeinsam erfüllt worden sind (Die Kriterien sind abgeleitet aus der ICD-10 – Internationale statistische Klassifikation der Krankheiten und verwandter Gesundheitsprobleme – in der WHO-Version 2011):

1. **Starkes, oft unüberwindbares Verlangen,** die Substanz einzunehmen. Dieser Mechanismus wird auch als „Craving" bezeichnet. Trotz aller guten Vorsätze oder des Wissens über mögliche Folgen und Schäden wird konsumiert.
2. **Toleranzentwicklung – Neigung zur Dosissteigerung.** Die/der Betroffene benötigt im zeitlichen Verlauf immer mehr Substanz, um den gleichen positiven Effekt zu spüren.
3. **Verminderte Kontrollfähigkeit:** Schwierigkeiten, die Einnahme zu kontrollieren (was den Beginn, die Beendigung und die Menge des Konsums betrifft).

4. **Körperliche Entzugssymptome:** Dies bedeutet, dass der Körper bei Fehlen der Substanz typische Symptome zeigt, die signalisieren, dass er sein „Gift“ braucht. Bekannt sind hier ein verstärktes Schwitzen, körperliche Unruhe, Zittern und Schlaflosigkeit. Um diese abzubauen, wird konsumiert.
5. **Psychische Entzugssymptome:** Die Abhängigkeit führt dazu, dass es nicht mehr nur um den erhofften Zustand geht, sondern dass es notwendig ist, Suchtmittel zu benutzen, um überhaupt in einen „neutralen“ Zustand zu kommen, um arbeiten zu können, um nicht zu unruhig und abgelenkt zu sein.
6. **Veränderung der Verhaltensmuster:** Die Substanz oder das Verhalten verlieren ihren ursprünglichen Zweck. Rauchen nicht mehr zum Entspannen, sondern weil man sich nicht mehr konzentrieren kann. Trinken nicht der Geselligkeit wegen, sondern um ein Unwohlsein zu überspielen.
7. **Freiheitsverlust:** Fortschreitende Vernachlässigung anderer Aktivitäten, Vergnügen, Interessen (das Verlangen nach der „Droge“ beherrscht das Leben und den Alltag).
8. **Leiden und Schädigungen:** Fortdauernder Gebrauch der Substanz / des Verhaltens wider besseres Wissen und trotz eintretender schädlicher Folgen.

Abhängigkeit = Verlust von Freiheit und Selbstbestimmung

Sucht ist somit laut WHO eine Abhängigkeit von einer Substanz, von einem Suchtstoff, das Merkmal „Abhängigkeit“ trat zunehmend in den Vordergrund. Damit wird süchtiges Verhalten nicht nach der Menge oder der Häufigkeit eines Drogenkonsums festgemacht, sondern am Auftreten einer Abhängigkeit, also auch am Freiheitsverlust beziehungsweise am Freiheitsverzicht der Person. Mediziner, Psychologen und Fachleute fordern aber zunehmend, dass der Begriff „Abhängigkeit“ erweitert wird auf andere zwanghafte Ersatzhandlungen (exzessive Verhaltensweisen), wie z. B. Spielen, Kaufen, Fernsehen. Denn bei Süchtigen kann sowohl das Verlangen nach einer ständig erneuten Einnahme der Stoffe oder einer ständigen Wiederholung einer Verhaltensweise, um ein bestimmtes Lustgefühl zu erreichen oder Unlustgefühle zu überdecken, bestehen.

Stoffungebundene Süchte/nichtstoffliche Süchte

Diese sogenannten **Verhaltenssüchte** werden nach ihrer Handlung benannt:

- Spielsucht
- Sexsucht
- Arbeitssucht
- Kaufsucht
- Esssucht
- Internetsucht
- Computersucht (auch Onlinesucht, Computerspielsucht)
- Sportsucht
- Ess-Brech-Sucht
- Magersucht

Da Verhaltenssüchte bis auf die „pathologische Glücksspielsucht“ bisher weder in der ICD-10 noch im DSM-IV (Diagnostisches und Statistisches Handbuch Psychischer Störungen) aufgenommen wurden, wird in der Psychiatrie von der „Störung der Impulskontrolle“ gesprochen.

Demnach müssen in die Betrachtungen nunmehr Stoffe und Substanzen wie auch Verhaltensweisen und Handlungen als Suchtmittel mit einbezogen werden, denn nach diesem herrscht bei beiden Varianten das deutliche Verlangen, das sogenannte „Craving“; die Freiheit und Kontrolle über sich selbst und sein Leben entziehen sowohl Substanzen als auch exzessive Verhaltensweisen. Bei beiden treten Fehlfunktionen im Gehirn auf, die zum Kontrollverlust über das Tun, zur Abhängigkeit führen, immer mehr rückt das Verhalten (mit oder ohne Stoff) in den Mittelpunkt des Lebens, das ganze Leben und die sozialen Beziehungen werden dem Suchtverhalten untergeordnet. Demnach ist am Suchtverhalten eine Abhängigkeit am ehesten festzumachen.

Kriterien für Verhaltenssüchte unklar und kontrovers

Verhaltenssüchte, exzessive Verhaltensweisen, weisen die Merkmale einer psychischen Abhängigkeit auf und können von Betroffenen willentlich nicht mehr vollständig kontrolliert werden. Die Einordnung von Verhaltensweisen als Sucht ist in der Wissenschaft umstritten, bisher gibt es keine offiziellen Diagnosekriterien.

Die American Medical Association traf sich im Juni 2007, um dieses Thema zu diskutieren. Exemplarisch für den Bereich der Computerspielsucht wurde als Ergebnis festgehalten, dass weitere Forschung notwendig sei, um Computerspielsucht (und damit auch andere Medienabhängigkeiten) als eine formale Diagnose zu betrachten. Die American Psychiatric Association (APA) wurde auf-

gefordert zu untersuchen, ob die Diagnose für eine Aufnahme in den DSM-IV (Diagnostic and Statistical Manual of Mental Disorders) geeignet sei. Frühestens bei der nächsten Revision des DSM im Jahr 2012 könnten damit Verhaltenssüchte in das Diagnosesystem einziehen.
Der aktuelle Drogen- und Suchtbericht der Bundesregierung (Mai 2011) bestätigt diese Notwendigkeit und führt neben den „Drogen" das Glücksspiel, Computerspiele und das Internet als „Suchtmittel" auf.

Bundesregierung führt Verhaltenssüchte auf – Krankenkassen übernehmen zunehmend auch Behandlungskosten bei Verhaltenssüchten

„Vorrangiges Ziel ist die Verhinderung gesundheitsschädlicher **Verhaltensweisen** durch umfassende Aufklärung über die Gefahren des Suchtmittel- und Drogenkonsums. Besonders wichtig ist frühzeitige Sucht- und Gesundheitsprävention bei Kindern und Jugendlichen. Diese erhöht die Chancen, dass ein problematisches **Konsumverhalten** gar nicht erst entsteht."

(Drogen- und Suchtbericht der Bundesregierung 2011, S. 10)

Abhängigkeit wird heute als Krankheit angesehen. Unter der Maßgabe, dass unter Abhängigkeit verschiedene Formen des Angewiesenseins auf bestimmte Substanzen oder Verhaltensweisen verstanden werden, geht dabei die Spannbreite von einfachen Gewohnheiten bis hin zur Abhängigkeit mit erheblichem Zerstörungspotenzial. Dabei wird zwischen den Formen körperliche (physische) Abhängigkeit und seelische (psychische) Abhängigkeit unterschieden.

Körperliche Abhängigkeit

Körperliche Anzeichen der Abhängigkeit:

- Entwicklung einer Toleranz. Das bedeutet, der Betroffene muss immer mehr von einer Substanz einnehmen, um die gleiche Wirkung zu erzielen. Die Dosis wird immer mehr gesteigert.
- Wird das Suchtmittel abgesetzt, zeigen sich körperliche Entzugserscheinungen. Diese Entzugserscheinungen sind je nach Substanz unterschiedlich.
- Substanzen werden eingenommen, um Entzugserscheinungen zu vermeiden oder zu lindern.

Psychische Abhängigkeit

Die psychischen Anzeichen der Abhängigkeit sind oft nur schwer erkennbar:

- Heftiges und gelegentlich unbezwingbares, sehr starkes Verlangen, eine Substanz zu konsumieren mit dem Ziel, positive Empfindungen herbeizuführen oder unangenehme Empfindungen zu vermeiden.
- Betroffene haben über den Beginn und das Ende des Konsums sowie über die Menge des Substanzgebrauchs nur eine verminderte Kontrolle. Dazu gehören auch Versuche, ein Ende zu erzwingen.
- Die Alltagsaktivitäten sind auf Möglichkeiten und Gelegenheiten zum Substanzkonsum hin ausgerichtet. Der Lebensstil ist eingeengt auf den Suchtmittelkonsum.
- Soziale, familiäre und berufliche Interessen werden vernachlässigt.
- Trotz auftretender schädlicher Folgen wird der Konsum fortgesetzt.
- Verstöße gegen gesellschaftliche Normen, z. B. Alkoholkonsum am Morgen.

Konsum – Missbrauch – Gewöhnung und Toleranzbildung

WHO – Gebrauch von Suchtstoffen

Seit 1969 spricht die WHO von vier Klassen des **Gebrauchs von Suchtstoffen:**

1. Unerlaubter Gebrauch ist ein von der Gesellschaft nicht tolerierter Gebrauch.
2. Gefährlicher Gebrauch ist ein Gebrauch mit wahrscheinlich schädlichen Folgen für den Konsumenten.
3. Dysfunktionaler Gebrauch liegt vor, wenn psychischen oder sozialen Anforderungen nicht mehr gerecht geworden werden kann.
4. Schädlicher Gebrauch hat bereits schädliche Folgen (Zellschäden, psychische Störung) hervorgerufen.

Konsum bezeichnet zunächst wertfrei den Gebrauch, Verzehr und Verbrauch von Gütern aller Art. Drogenkonsum besagt nichts anderes als den Verzehr eines pflanzlichen oder synthetischen Stoffes, um damit eine bestimmte Wirkung zu erzielen. Vom ersten Probieren bis hin zum regelmäßigen Konsum finden sich in der Literatur die Entwicklungsstufen vom risikoarmen Konsum – riskanten

Konsum – gefährlichen Konsum. Oft ist die Rede vom relativ unproblematischen oder kontrollierten Suchtmittelgebrauch. Diese Begriffsverwendung ist allerdings zu hinterfragen, denn was bedeutet „relativ" und wo ist die Grenze zwischen „kontrolliert" und „unkontrolliert"? Ein „kontrollierter Suchtmittelkonsum" begleitet die Lebensweise eines Menschen lediglich und ist nicht selbst Lebensweise eines Menschen geworden. Es sollte dennoch immer klar sein, dass es einen ungefährlichen, risikolosen Konsum von Drogen – legaler wie illegaler – nicht gibt.
Missbrauch bedeutet falscher, nicht bestimmungsgemäßer Gebrauch und zwar zum eigenen Schaden der Konsumenten/-innen und zur Schädigung von deren Umwelt. Missbrauch meint einen übermäßigen Konsum, häufige Überdosierungen aber auch strafbare Handlungen unter Suchtstoffeinfluss. Häufiger Missbrauch von Suchtstoffen kann ein Indikator für die Entwicklung abhängiger Strukturen sein.
Toleranzbildung meint die Tatsache, dass ein Körper sich an eine bestimmte Menge einer Substanz gewöhnt hat und diese ihn nach einer gewissen Konsumdauer nicht mehr nachhaltig beeinflussen kann. In der Konsequenz bedeutet das die Notwendigkeit einer immer höheren Dosis zur Erreichung des gewünschten Effekts.

Sucht und Suchtverhalten engen Lebensqualität ein

Der Begriff „Sucht" (wir sollten eher von „süchtiger Abhängigkeit" sprechen) beinhaltet viele verschiedene Formen der psychischen oder physischen Abhängigkeit, Zwangsstörungen oder Impulskontrollstörungen. In zunehmendem Maße missbrauchen Menschen aus verschiedensten Teilen der Gesellschaft und Altersgruppen exzessiv legale aber auch illegale Suchtmittel. Hinter diesem „Massenkonsum" verbergen sich in der Regel wirtschaftliche und sozialpolitische, also gesellschaftliche Ursachen, die allzu gerne verdrängt werden.
Der Umgang mit Suchtmitteln wird von Jugendlichen gern verharmlost und „normalisiert", unter anderem weil ihnen die Gesellschaft diese Denkweisen auch vormacht. Sucht ist kein Phänomen von Einzelgängern, sie kann jeden betreffen und darf nie zum Tabuthema werden. Auch wenn Worte an Jugendlichen vielleicht oft abprallen, können sachliche Informationen und selbstkritische Auseinandersetzung Jugendlichen früher oder später die Gefahr von Suchtverhalten deutlich machen. Süchtiges Verhalten ist kein Lebensschicksal, jeder hat zunächst Einfluss darauf, ob sich sein Verhalten in eine riskante Richtung entwickelt. Dabei ist unumstritten, dass Sucht jegliche Lebensführung einengt, sie lässt Lebenssituationen nur sehr kurzzeitig in einem schillernden Licht erscheinen. Wer die Kontrolle über sein Suchtmittel verliert, verliert seine Freiheit – und zwar in allen Bereichen seines Lebens. Sucht bietet niemals Lebensfülle. Was einmal wichtig war, geht verloren – Bindungen, Gesundheit, Einstellungen. Somit geht das Leben an einem nur noch vorbei, man ist nicht mehr mittendrin. – Und davor möchte man Jugendliche bewahren.

Suchtmittel – Drogen

Suchtmittel sind seit Jahrtausenden in allen Kulturen gegenwärtig. Sowohl die berauschende als auch die medizinische Wirkung sind seit jeher bekannt und werden genutzt. Doch in der Neuzeit haben Profitgier und Überheblichkeit dazu animiert, die relativ verträglichen Naturrauschdrogen zu Rauschgiften zu synthetisieren oder neue Drogen zu designen. Als Produkte der Marktwirtschaft sind sie alltäglich und leider teilweise auch „gesellschaftsfähig" geworden. Selbst der Begriff „legale Drogen" suggeriert eine Zulässigkeit, für Jugendliche vielleicht sogar Gefahrlosigkeit, die verhängnisvoll werden kann.

Psychotrope Substanzen

Als Drogen bezeichnet man jene psychotrope Substanzen bzw. Stoffe, die durch ihre chemische Zusammensetzung auf das Gehirn bzw. das Zentralnervensystem einwirken und dadurch auf das Denken, Fühlen, die Wahrnehmung und das Verhalten direkt Einfluss nehmen. Dieser chemische Stoff kann auch ein körpereigener Stoff sein, der beispielsweise bei sportlicher oder sexueller Betätigung ausgeschüttet wird. Eine Klassifizierung der Drogen ist nach unterschiedlichsten Modellen möglich. Wir möchten hier lediglich einen Überblick geben und konzentrieren uns daher auf eine möglichst unkomplizierte Darstellungsweise.

Unterscheidung in „legale“ und „illegale“ Drogen:

Legale Drogen sind die Suchtmittel, deren Verkauf und Gebrauch in unserer Gesellschaft erlaubt sind. Die meisten legalen Drogen sind gesellschaftlich akzeptiert und gehören teilweise sogar zur Kultur dazu. Obwohl der Gebrauch und Verkauf legaler Drogen nicht strafbar ist, sind legale Drogen keineswegs ungefährlich (Alkohol, Nikotin, Koffein, Tein, Aufputschmittel, Schlaf- und Beruhigungsmittel, Schmerzmittel, Schnüffelstoffe, Naturdrogen).

Illegale Drogen sind Suchtmittel, deren Herstellung, Anbau, Einfuhr, Besitz und Verkauf nach dem Betäubungsmittelgesetz verboten sind. Das BtMG soll den Umgang mit Rauschmitteln regeln. Im Gesetz werden über 100 Stoffe genannt, die aus pflanzlichen und chemischen Stoffen gewonnen werden (z. B. Ersatzstoff Methadon, Cannabis, LSD, Kokain, Crack, Ecstasy, Speed, Heroin und Opium).

Zunächst erhalten Sie hier einen kurzen Überblick über die häufigsten Suchtmittel und ihre Wirkung. Zudem ergänzen aktuelle Zahlen und Entwicklungen die Übersicht.

Suchtmittel	Wirkung/Auswirkung	Zahlen und Fakten
Alkohol	Verhaltensstörungen (Enthemmung, Selbstüberschätzung), oft Aggressionsausbrüche, Bewusstseinsspaltung und Erinnerungslücken, Verlust der Koordinationsfähigkeit, Wasserentzug, Schädigung von Gehirn und Nervensystem, Potenzprobleme, Muskelschwäche, Temperaturregelungsstörungen, Dauerzittern, Bewegungsstörungen, Konzentrationsfähigkeit sinkt (Sprachstörungen, Abbau der Großhirnrinde führt zu zunehmendem Verlust von Gedächtnisleistungen), Krampfanfälle, Leberschäden, Entzündungen im Magen-Darm-Trakt, Herz-Kreislauf-System-Störungen	– 9,5 Millionen Menschen in Deutschland konsumieren Alkohol in gesundheitlich riskanter Form. Etwa 1,3 Millionen Menschen gelten als alkoholabhängig – Alkohol wird in Deutschland im Durchschnitt erstmalig im Alter von 13,2 Jahren konsumiert; den ersten Rausch haben Jugendliche mit ca. 13,9 Jahren – der regelmäßige Alkoholkonsum von Jugendlichen in Deutschland ist weiter rückläufig und hat im Jahr 2010 den niedrigsten Stand seit den 1970er-Jahren erreicht; während 2004 noch etwa jeder Fünfte (21 %) der Altersgruppe der 12- bis 17-Jährigen angab, mindestens einmal in der Woche Alkohol zu trinken, lag dieser Anteil 2010 bei rund 13 % – 16,7 % der minderjährigen Jugendlichen praktizierten im letzten Monat das Rauschtrinken – 2008 wurden bundesweit 4500 Kinder im Alter von 10 bis 15 Jahren stationär behandelt; 2009 noch 4300 (Rückgang um 4 %); dagegen ist die Zahl der Jugendlichen im Alter von 15 bis 20 Jahren um 4,3 % angestiegen (von 21 200 auf 22 100)
Opioide (Schmerzmittel, Opium, Morphium, Heroin)	Steigerung des Endorphinspiegels – Ausschüttung von „Glückshormonen“ (Wohlbefinden und Glückszustände), bei Absetzen starke Depressionen, Magenkrämpfe, Schwitzen und Muskelzittern, starke psychische, aber auch physische Abhängigkeit, Ausschalten von Schmerzempfinden, „flash“, Gleichgültigkeit, Verblassen der Sinneswahrnehmungen, Bewusstlosigkeit, Atemlähmung, Leber-, Magen- und Darmschäden, soziale Verwahrlosung, Temperaturerhöhung, Herzschlagverlangsamung, Stimmungsaufhellung, bleibende Gehirnschäden, Zerstörung von Gebiss und Kiefer	– Heroin wird als gefährlichste Droge eingestuft – von Opioiden wird man sehr schnell abhängig – Zahl der erstauffälligen Heroin-Konsumenten 2010 um ca. 11 % zurückgegangen

Suchtmittel	Wirkung/Auswirkung	Zahlen und Fakten
Cannabinoide (Marihuana, Haschisch)	Wahrnehmungen verändert, räumliche Bezüge wie Entfernung, Tiefen und Höhen werden oft nicht mehr richtig eingeschätzt, Gedankengänge verlangsamt, das Sprechen sowie die Artikulationsfähigkeit können gestört werden, existierende Stimmungslage verstärkt, Augenbindehaut gerötet, chronische Entzündungen der Atemwege, chronische Bindehautentzündung, erhöhter Pulsschlag, Risiko an Lungenkrebs zu erkranken wird erhöht, keine wesentliche körperliche Abhängigkeit, aber psychische Abhängigkeit	– etwa 25 % aller 18- bis 59-Jährigen haben mindestens einmal in ihrem Leben Cannabis konsumiert, die Probierbereitschaft ist sehr hoch – jeder vierte junge Erwachsene konsumiert aktuell Cannabis, darunter doppelt so viele Männer wie Frauen – etwa 600 000 von ihnen weisen einen missbräuchlichen oder abhängigen Konsum auf – Jugendliche, die Cannabis nehmen, weisen fast doppelt so häufig Symptome einer Psychose auf wie solche, die darauf verzichten – Anbau, Herstellung, Handel, Einfuhr, Abgabe, Veräußerung, Erwerb und Besitz von Pflanzen oder Pflanzenteilen von Cannabis sind nach dem Betäubungsmittelgesetz (BtMG) strafbar – Jugendliche, die mit dem Zigarettenrauchen anfangen, weisen im Vergleich zu jenen, die nicht rauchen, eine etwa 9- bis 15-fach erhöhte Wahrscheinlichkeit auf, später auch Cannabis auszuprobieren – Cannabiskonsum fördert den Übergang vom gelegentlichen zum regelmäßigen Zigarettenrauchen und erhöht die Wahrscheinlichkeit, nikotinabhängig zu werden
Sedativa oder Hypnotika (Beruhigungs- und Schlafmittel – Barbiturate, Benzodiazepine)	Hang-over-Effekt: verminderte psychomotorische Leistungsfähigkeit und Reaktionsbereitschaft, Müdigkeit, Schwindel, Gewohnheitsbildung, psychische und schwere physische Abhängigkeit	– zwischen 1,4 und 1,9 % der Erwachsenen in Deutschland sind medikamentenabhängig – deutlich mehr Frauen als Männer und mit zunehmendem Alter ansteigend – immer mehr Kinder und Jugendliche nehmen Schlaf- und Beruhigungsmittel ein; laut Statistik der Apotheken hat der Verkauf von Beruhigungs- und Schlafmitteln für die Alter 0 bis 18 Jahre in den vergangenen drei Jahren um 55 % zugenommen
Kokain (Freebase, Crack)	Wirkung beim Schnupfen nach ca. 3 Minuten, beim Rauchen und Spritzen nach wenigen Sekunden (hält max. 30 Minuten an), Gefühle von Leistungsfähigkeit und Erfolg (Belohnung ohne Anstrengung), starke depressive Verstimmung (auch Ängste) nach Abklingen der Drogenwirkung, starke psychische Abhängigkeit, Bluthochdruck, Herz-Kreislaufprobleme, Neigung zur Lungenentzündung, chronischer Appetitmangel, Empfindungsstörungen im Bereich der Haut und der Extremitäten	– Alter des Erstkonsums bei etwa 18 Jahren 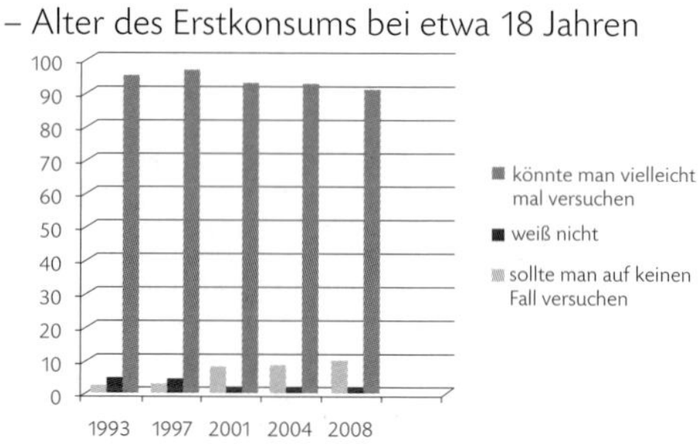
Stimulanzien (Koffein, Tein, Amphetamine, Speed, Aufputschmittel, Medikamente)	verstärken physiologische Auswirkung von Stress, Kopfschmerzen, psychische Abhängigkeit, Angstzustände, euphorische und ekstatische Gefühle	– nach Studie der Universität von Illinois, USA, verursachen Amphetamine bei Heranwachsenden dauerhafte Schäden im Gehirn, mit direkten Auswirkungen auf wichtige Hirnfunktionen – Zahl der Amphetaminkonsumenten in der Gruppe der 12- bis 25-Jährigen: ca. 300 000 Personen (etwa gleich wie bei Ecstasykonsumenten); bei den über 25-Jährigen ca. 400 000 bis 500 000 – Zahl der Speedkonsumenten nimmt in Deutschland derzeit stetig zu
Tabak (Nikotin)	Tabakrauchen erhöht das Risiko an Lungen-, Kehlkopf-, Mundhöhlen- und Speiseröhrenkrebs zu erkranken, begünstigt die Entwicklung der Arteriosklerose, (Raucherbein), Herzinfarkt, Schlaganfall, schwere körperliche und seelische Abhängigkeit. Jeder zehnte Jugendliche zwischen 12 und 19 Jahren raucht regelmäßig Wasserpfeifen (Shisha), viele unterschätzen die Gefahren dieser Form des Rauchens.	– häufigste Suchterkrankung – mindestens 10 Millionen Abhängige – der Anteil der Raucherinnen und Raucher im Alter von 12 bis 17 Jahren hat sich mehr als halbiert und ist von 27,5 % im Jahr 2001 auf 12,9 % im Jahr 2010 zurückgegangen – beim Verschwelen des Tabaks in der Wasserpfeife entstehen Gifte in hoher Konzentration – auch beim Shisha-Rauchen gelangt Teer in die Lunge

Suchtmittel	Wirkung/Auswirkung	Zahlen und Fakten
Halluzinogene (LSD, MDMA, Ecstasy, Mescalin)	bereits sehr geringe Mengen lösen Rausch aus, Denken wird beschleunigt, Schlaf- und Hungerbedürfnis unterdrückt, Ideenvielfalt gesteigert, logisches Denken erscheint erleichtert, ist aber oft etwas verquer („Speed-Logik"), Redegeschwindigkeit erhöht, Stimmungslage angehoben, soziale Kontaktfähigkeit scheint gesteigert, beschleunigter Herzschlag, Übelkeit, Schwindel, Kopfschmerzen, Kollaps, stark anregend, blutdrucksteigernd schwere Schlafstörungen, kann zu Paranoia und Schizophrenie führen, Auszehrung des Körpers, Dosissteigerung, Schlafapnoe-Syndrom (Atemaussetzer), Pulsbeschleunigung, Kreislaufstörungen	– etwa 3 % der 12- bis 24-Jährigen (ca. 300 000 Personen) konsumieren aktuell Ecstasy – etwa 88 % aller Ecstasy-User zeigen bereits vor dem Beginn des Konsums psychische Auffälligkeiten, wie Angsterkrankungen und Depressionen – etwa 15 % aller Ecstasy-User, die zusätzlich mehrere andere Drogen zu sich nehmen, werden zu Langzeitkonsumenten – eine besonders enge Verbindung besteht dabei zwischen Cannabis und Ecstasy, denn kaum jemand steigt mit Ecstasy ein, ohne vorher Cannabis konsumiert zu haben (nach Professor Dr. Hans-Ulrich Wittchen vom Max-Planck-Institut für Psychiatrie München)
Flüchtige Lösungsmittel (Klebstoffe, Schnüffelstoffe, Lösungs- und Reinigungsmittel, Benzin, Farben)	entziehen dem Körper Sauerstoff und zwingen das Herz, unregelmäßig und schneller zu schlagen, Übelkeit, Nasenbluten sowie Verlust des Hör- und Geruchssinns, Muskelschwund und verringerter Muskeltonus, Schädigung von Lunge und Immunsystem	– 22 % der Konsumenten von Schnüffelstoffen, die eines plötzlichen Todes starben, waren Erstkonsumenten – im Jahr 2003 hatten in Deutschland 11 % aller 15- und 16-jährigen Schüler mindestens einmal in ihrem Leben Schnüffelstoffe ausprobiert – in der kenianischen Hauptstadt Nairobi leben schätzungsweise 60 000 Kinder auf der Straße, fast alle sind von irgendwelchen Schnüffelstoffen abhängig

Schadenspotenzial geläufiger Drogen

nach David Nutt*, 2010

Maximal 100 Punkte als Schadenspotenzial sind möglich.

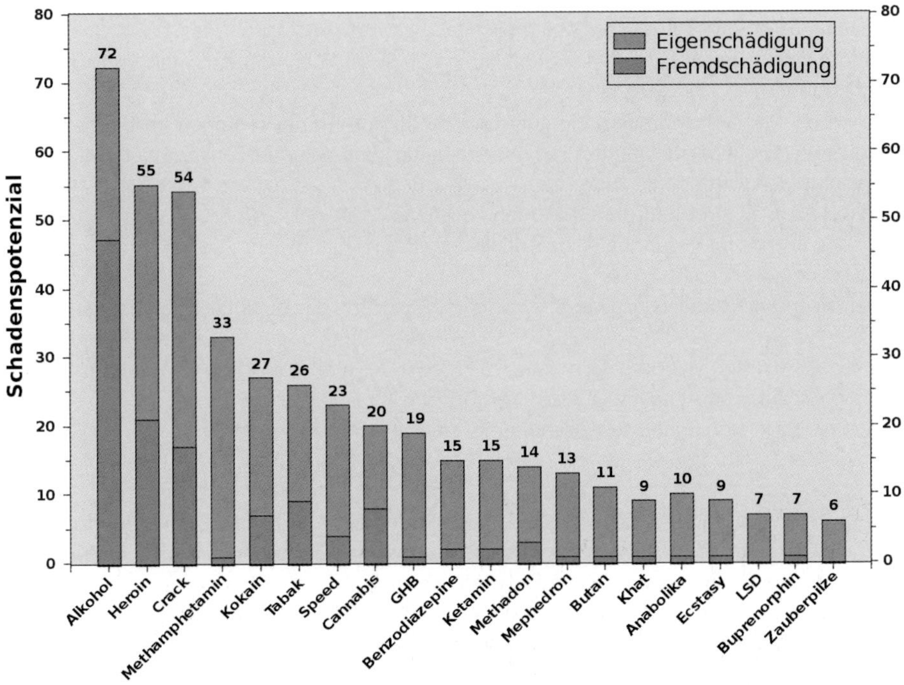

http://de.wikipedia.org/w/index.php?title=Datei:Drogen-schadens-potenzial-nutt-2010.svg&filetimestamp=20101221204253

*David Nutt war Drogenbeauftrager der britischen Regierung.

Die Thematik Essstörungen haben wir in den Heften „Körperbewusstsein – Körperkult – Schönheit?", Krapp & Gutknecht Verlag 2010, dargestellt.

Wissenswertes

- Die Wahrscheinlichkeit, dass Jugendliche und junge Erwachsene illegale Drogen konsumiert haben, steigt mit dem Konsum legaler Substanzen deutlich.
- Jugendliche und junge Erwachsene, die aktuell rauchen, nehmen häufiger illegale Drogen auf als Nieraucher.
- Diejenigen, die angeben, in den letzten 30 Tagen eine Shisha konsumiert zu haben, sowie diejenigen, die in den letzten 30 Tagen ein Alkoholrauscherlebnis hatten, berichten deutlich häufiger den Konsum mindestens einer illegalen Droge in den letzten 12 Monaten als Nichtkonsumenten.
- 1,2 Prozent der 12- bis 25-Jährigen, die in ihrem Leben noch nie geraucht haben („Nieraucher"), konsumierten in den letzten 12 Monaten mindestens einmal eine illegale Droge.
  9,2 Prozent derjenigen, die sich zum Zeitpunkt einer Befragung als Nichtraucher einschätzen, konsumierten in den letzten 12 Monaten mindestens einmal eine illegale Droge.
  Das ist eine enorme Steigerung und lässt die Zahl bei den Rauchern erahnen – sie liegt bei 22,9 Prozent (das 19-Fache).
- Haben von den 12- bis 25-Jährigen, die noch nie eine Shisha geraucht haben, lediglich 1,5 Prozent im letzten Jahr mindestens einmal eine illegale Droge konsumiert, sind es bei denjenigen, die in ihrem Leben mindestens einmal, aber nicht im letzten Jahr, eine Shisha konsumiert haben, bereits 12,6 Prozent und bei denjenigen, die in den letzten 12 Monaten, aber nicht in den letzten 30 Tagen, Shisha geraucht haben 19,4 Prozent. Bei den aktuellen Shisha-Konsumenten, also denen, die in den letzten 30 Tagen Shisha geraucht haben, erfolgt eine Steigerung auf 30,1 Prozent.
- Zwischen der Alkoholrauscherfahrung und dem Konsum illegaler Drogen besteht ebenfalls ein Zusammenhang. Der Konsum illegaler Drogen nimmt deutlich zu, je kürzer die Zeit zwischen dem letzten Alkoholrausch und dem Zeitpunkt der Befragung ist.
- Etwa 25 Prozent der 16- bis 25-Jährigen im Westen und etwa 20 Prozent der 16- bis 25-Jährigen im Osten Deutschlands haben Erfahrungen mit illegalen Drogen. Der Konsum illegaler Drogen ist also ein sehr ernst zu nehmendes, aber aus epidemiologischer Sicht nach wie vor ein Minderheitenphänomen.
- Bei Kindern von alkoholabhängigen Eltern besteht eine sehr viel höhere Wahrscheinlichkeit, ebenfalls alkoholabhängig zu werden, als bei Kindern von nicht alkoholabhängigen Eltern.
- Früher hat man Sucht mit Charakterschwäche gleichgesetzt. Heute gehen Drogenforscher davon aus, dass Sucht das Ergebnis komplexer Lernprozesse ist, die sich im Gehirn fest verankert haben.
- Jugendliche beginnen mit Rauchen und Alkohol, dann probieren sie Cannabis. Über diesen Besorgungsweg werden ihnen die Türen zu anderen Drogen wie Ecstasy geöffnet.
- Nikotin-Prävention ist Drogen-Prävention!
- Verhaltenssüchte gewinnen bei Jugendlichen an Bedeutung.
- Magersucht und andere Essstörungen fallen besonders häufig auf. Sie werden von den meisten Fachleuten jedoch nicht als „Sucht", sondern als Krankheit bewertet.
- Computer- und Onlinesucht sind Phänomene, die aufgrund der rasanten Entwicklungen im Internet und der technischen Möglichkeiten (Grafikdarstellung fast in Echtzeitqualität) und dem Nutzungsverhalten Jugendlicher und junger Erwachsener in den Mittelpunkt rücken.
  Ihre Bewertung und das Ausmaß ihrer Bedrohung werden kontrovers diskutiert – kritische, ernsthafte Stimmen mehren sich. Die Bundeszentrale für gesundheitliche Aufklärung (BZgA) hat im Jahr 2011 die Broschüre „Online sein mit Maß und Spaß" herausgebracht.
  Als Problem erweisen sich Online-Rollenspiele, z. B. „World of Warcraft", die Jugendliche „gefangen nehmen" können.
- Glücksspielsucht ist vor allem unter Männern verbreitet: 90 Prozent der pathologischen Geld-Glücksspieler sind männlich. Zur Glücksspielsucht kommt häufig eine zweite stoffliche Abhängigkeit hinzu.
  Glücksspielsucht führt häufig in eine immense Verschuldung, die Selbstmordrate ist hoch.
  Etwa 3 Prozent der 13- bis 24-Jährigen weisen ein Spielsuchtpotenzial auf, schätzt eine Studie der Universität Bielefeld.
- Kaufsucht ist dagegen eine weibliche Domäne. Das „Kaufenmüssen" beherrscht das Denken und Fühlen der Betroffenen. Das gerade Gekaufte, so süchtig begehrt, dass es das gesamte Denken beherrschte, verliert sogleich seinen Reiz – dieser Reiz muss durch ein neues Produkt gestillt werden.
  Kaufsucht zeigt, wie die Ersatzhandlung „Kaufen" die zugrundeliegenden Bedürfnisse ersetzt. Probleme, Stress, Minderwertigkeitsgefühle können nicht gelöst werden und führen in die Abhängigkeit. 10 bis 20 Prozent der Bevölkerung* gelten als gefährdet.
  Auf die Verhaltenssüchte wird im Folgenden in einem Kapitel detailliert eingegangen (siehe Seite 27 ff.)

*Kuntz, Helmut: Drogen & Sucht. Ein Handbuch über alles, was Sie wissen müssen. Weinheim und Basel 2011, S. 181.

Suchtentstehung – Warum werden Menschen süchtig?

Warum Menschen süchtig werden, hat in den meisten Fällen keine einzelne Ursache, sondern entwickelt sich aus einem Netzwerk von Ursachen. So etwas wie eine „Suchtpersönlichkeit" gibt es nicht, wohl aber Risikofaktoren, die die Entstehung von Sucht begünstigen können. Auch ist die Suche nach dem sogenannten „Suchtgen" wohl aussichtslos, weil eher eine Wunschvorstellung, um davon abzulenken, dass die Entstehung von süchtigem Verhalten sehr wohl ein gesellschaftlich bedingter, wenn auch letztlich persönlich entschiedener Weg ist.

In der Fachliteratur hat sich der Begriff „Suchtdreieck" etabliert (siehe Schülerheft Seite 22).

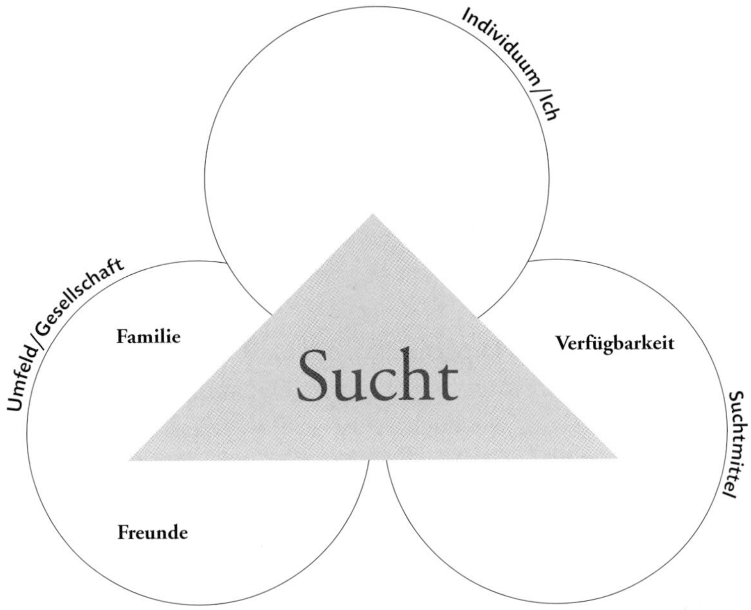

Um süchtig zu werden, müssen Menschen selbst aktiv tätig werden. Demnach ist die Beschäftigung mit dem Menschen, mit seiner konkreten Situation, seinen Wünschen und Bedürfnissen, seiner psychischen Konstellation und seiner physischen Voraussetzungen ins Zentrum zu rücken. Gewiss gibt es Menschen, die aufgrund ihrer Persönlichkeit, ihrer Problembewältigungsstrategien und ihrer Einstellung eher prädestiniert sind, süchtig zu werden, als andere. Wahrscheinlich ist es sogar dann fast nur „Zufall", welcher Sucht sie verfallen: Ein Computersüchtiger hätte unter anderer Konstellation vielleicht auch zum Alkohol greifen können. Gerade bei den Verhaltenssüchten betonen Therapeuten diesen Mechanismus häufig.

Jeder Mensch lebt in einem gesellschaftlichen Gefüge, welches ihm trotz aller Freiheit Muster und vor allem Optionen vorgibt, die besonders im Jugendalter entweder durchbrochen oder auch ausgenutzt werden, weil sie einfach vorhanden sind. Und da der Mensch zunächst ein soziales Wesen ist, darf sein soziales Umfeld nicht außer Acht gelassen werden.

Keiner dieser Faktoren wirkt alleinig auf eine mögliche Entwicklung von süchtigem Verhalten.

Sucht entsteht immer dann, wenn vermeintlich etwas im Leben fehlt: Beziehungen, Wohlgefühle, Glück, Anerkennung, Leistungsbereitschaft, Zusammengehörigkeitsgefühl, Erfolg etc. Die Flucht in die Sucht ist immer ein Ersatz für etwas, was wir gerne hätten/wären, aber nicht ohne Weiteres haben/sein können.

Genetische Faktoren

Zweifelsfrei sind genetische Faktoren an der Ausprägung der körperlichen Konstitution eines Menschen beteiligt. Diese wiederum beeinflusst die Wirkung von Suchtmitteln entscheidend mit. Ebenso genetisch bedingt ist bei jedem Menschen in unterschiedlicher Ausprägung das Streben nach Neuem, die Suche nach Erfahrungen und dem daraus resultierenden Lernen aus diesen Erfahrungen. Hier können natürlich Ursachen für risikobehaftetes Verhalten und auch Suchtmittelgebrauch aus Neugier liegen.

Das Belohnungssystem

Was allerdings bestätigt ist, sind Wechselwirkungen zwischen Suchtmitteln und der Aktivität und Funktion körpereigener Botenstoffe. Man weiß, dass das Belohnungssystem im Gehirn im Zusammenhang mit Dopamin eine zentrale Stellung bei der Entstehung der Sucht einnimmt.

Das Gefühl des Wohlbefindens, das durch die Einnahme von Drogen hergestellt wird, wird durch die Aktivierung des Belohnungssystems hergestellt. Gezeigt werden konnte dies für Kokain und Amphetamine, die direkt das Belohnungssystem aktivieren. Opioide und wahrscheinlich auch Alkohol wirken auf einem Umweg auf dieses System ein.

Dopamin

Dopamin ist ein körpereigener Botenstoff (Neurotransmitter), der Befehle des Nervensystems an die Muskulatur weitergibt sowie Wahrnehmung und Gefühle beeinflusst. Es ist die Vorstufe von Adrenalin und Noradrenalin (Stresshormone, sie steigern in Sekundenschnelle die Herz-Kreislauf-Funktionen und versetzen Nerven und Gehirn in Alarmzustand. In Notfällen mobilisieren sie die notwendigen Energiereserven. Noradrenalin hat eine schmerzhemmende Wirkung).
Dopamin scheint die Wahrnehmungsfähigkeit erheblich zu steigern. Jeder Mensch ist permanent Wahrnehmungen, Empfindungen, Eindrücken und Gefühlen ausgesetzt. Verdoppelt sich der Anteil der bewussten Wahrnehmung auf 20 Prozent (was durch die Einnahme von psychotropen Suchtmitteln bewirkt wird), so stehen die meisten Menschen kurz vor einem „Nervenzusammenbruch". Wenn es noch mehr wird, dann werden Seele und Geist des Betroffenen krank. Er kann nicht mehr bewerten, was wichtig ist, und was nicht.

Siehe: http://www.medizinfo.de/sucht/ursachen/dopamin.shtml

Angriff auf das Hirn, in: Stern „Gesund leben" 5/2008, S. 22 ff.

Das High-Gefühl beim Konsum von Drogen, das verstärkte Empfinden von Glück, Freude und Zuversicht, wird auf eine verstärkte Ausschüttung von Dopamin zurückgeführt. Verantwortlich dafür ist ein Belohnungssystem, das wir auch selbst stimulieren können. Dieses Belohnungssystem besteht aus verschiedenen Bestandteilen. Kernbereich ist der *Nucleus accumbens.* Man konnte im Tierversuch nachweisen, dass eine Injektion von Drogen an dieser Stelle dazu führt, dass eine Selbststimulation stattfindet. Dabei wird eine erhöhte Dopaminkonzentration im Bereich des *Nucleus accumbens* hergestellt. Gezeigt werden konnte diese Stimulation für Opiate, Kokain und Amphetamine.
Andere Drogen bewirken eine Hemmung des Neurotransmitters Noradrenalin. Diese Hemmung führt zu einer verstärkten Wirkung von Dopamin. Auch auf diese Weise wird das Belohnungssystem aktiviert. Drogen, die diese indirekte Stimulation vermutlich ausüben sind Opiate, Alkohol, Barbiturate und Benzodiazepine. Auch die körpereigenen Endorphine wirken auf diese Weise. Nikotin und Koffein stimulieren ebenfalls das Belohnungssystem.
Das könnte auch erklären, warum bei einer Entgiftung häufig depressive Verstimmungen auftreten. Der Abfall der Dopaminkonzentration führt auch zu einer Verminderung von Dopamin im Belohnungssystem. Dann werden nicht mehr Glücksgefühle vermittelt, sondern das „Gegenteil".

www

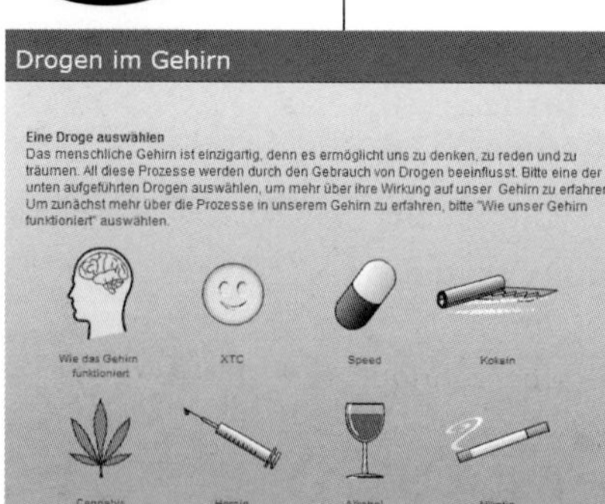

Drogen und Gehirn

Die Simulation „Drugs and brain" steht auf der Internetpräsenz der ginko Stiftung für Prävention zur Verfügung: **http://www.ginko-stiftung.de.** Über den Link > Drugs & Brain wird diese aufgerufen.

„Das menschliche Gehirn ist einzigartig, denn es ermöglicht uns zu denken, zu reden und zu träumen. All diese Prozesse werden durch den Gebrauch von Drogen beeinflusst. [...] Um zunächst mehr über die Prozesse in unserem Gehirn zu erfahren, bitte ‚Wie unser Gehirn funktioniert' auswählen."
Die Simulation zeigt, welch unterschiedliches Suchtpotenzial Drogen haben. Dadurch erklärt sich die große Abhängigkeitsgefahr von Nikotin, Kokain und Heroin. Auch wird gezeigt, wie die unterschiedlichen Stoffe die Persönlichkeit verändern können und welche Schäden sie bewirken.

Serotonin

Serotonin als weiterer Botenstoff hat Einfluss auf die Stimmungslage, auf den Schlaf- Wach- Rhythmus, auf die Nahrungsaufnahme, auf die Schmerzwahrnehmung und auf die Körpertemperatur. Eine verminderte Produktion von Serotonin ist schon länger bekannt als ursächlicher Faktor bei der Entstehung von Depressionen. Demnach sorgt Serotonin für eine ausgeglichene Stimmungslage. Im Zusammenhang mit Alkohol konnte festgestellt werden, dass ein Mangel an Serotonin die Entstehung von Suchtverhalten fördert. Tierversuche konnten zeigen: Viel Serotonin führt zu einer verminderten Aufnahme von Alkohol, Stimulantien und Opiaten. Damit wird der Umkehrschluss wahrscheinlich: wenig Serotonin fördert die Suchtentwicklung. Auch LSD wirkt sich auf die Verfügbarkeit von Serotonin aus. Es leert die Serotoninspeicher bzw. hemmt die Wirksamkeit von Serotonin. Als Folge davon bekommen LSD-Abhängige kaum noch Schlaf.

Eigenschutzfunktion des Körpers

Unser Körper ist bestrebt, schädigende Substanzen so schnell wie möglich zu neutralisieren. Er ist in der Lage, bei wiederholtem Kontakt mit einem Suchtmittel den Stoffwechsel zu optimieren. Er lernt sozusagen, möglichst effektiv zu arbeiten. Deshalb wird er immer schneller mit der gleichen Menge einer Droge „fertig". Für den Konsumenten bedeutet dies, er muss immer mehr von der Droge zu sich nehmen, um die gleiche Wirkung zu erzielen. Das beflügelt die sogenannte Toleranzentwicklung.

Psychische Faktoren

Die eigene Persönlichkeit spielt bei der Entwicklung von süchtigem Verhalten eine entscheidende Rolle. Mangelnde Ich-Stärke, niedrige Frustrations- bzw. Hemmschwelle, Aggressionsbereitschaft, vor allem aber die individuellen Lebensbewältigungsstrategien, die sich ein Mensch im Laufe seines Lebens aneignet (oder eben auch nur in zu geringem Umfang und Auswahl), haben entscheidenden Einfluss darauf, ob jemand als Konsument von Suchtmitteln, stofflichen oder auch nichtstofflichen, abhängig wird oder nicht. Klar wird an dieser Stelle auch, dass das Repertoire an Bewältigungsstrategien bei Jugendlichen natürlich noch nicht so umfangreich sein kann wie bei einem Erwachsenen und daher seine Suchtgefährdung akuter ist.

Mit dem Erzielen von Erfahrungen entwickelt jeder Mensch ein Gefühl für sich selbst, für seinen Platz im Leben, im familiären Umfeld, in der Gesellschaft. Es entstehen so Strukturen der eigenen Selbstverantwortung und des Gespürs dafür, welche Auswirkungen fremde Aktionen auf einen selbst haben. Die Wahrnehmung, Einordnung und Verarbeitung der eigenen Gefühle und Körperlichkeit legen eine Grundlage für die Festigung der eigenen Persönlichkeit. Und hier wird deutlich, dass auf diesem Wege an unterschiedlichen Stellen Hindernisse auftreten, die unter Umständen zur Entwicklung eines Suchtverhaltens beitragen können.

Lerntheorie

Einige Fachleute gehen davon aus, dass der Drogenkonsum eine erlernte Verhaltensweise ist. Die angenehme Wirkung der Droge wird als positiver Verstärker erlebt und führt zu einem erneuten Konsum. Wird dann die Droge häufig in Situationen konsumiert, die als negativ oder konfliktreich empfunden werden, so findet eine Verbindung (Kopplung) statt. Die Kopplung führt dazu, dass die Droge als Ausgleich bzw. zur Bewältigung oder Vermeidung von entsprechenden Situationen eingenommen wird.

Ein Individuum, welches bewusst den Alkohol einsetzt, um aus bestimmten definierten Zuständen „zu fliehen", wird gleichzeitig unbewusst lernen, dass Stress grundsätzlich erfolgreich mit Alkohol bekämpft werden kann. Dies kann schließlich zur Folge haben, dass neuer Stress, der gar nicht mit der Anfangssituation zu tun hat, gleich als Reiz verstanden werden kann, das Hilfsmittel Alkohol einzusetzen und somit der Grundstein für eine Abhängigkeit gelegt wird.

Entwicklungstheorie

Für die Entwicklungspsychologen gehört das Erlernen eines sachgerechten Umgangs mit Suchtmitteln zum Erwachsenwerden dazu. Die Konsumenten lernen, sich mit gesellschaftlichen und elterlichen Normen auseinanderzusetzen. Dies allerdings ist differenziert zu betrachten, denn ein solcher Ansatz würde implizieren, dass zwangsläufig jeder Mensch irgendwann einmal mit Drogen in Kontakt kommen würde. Bei den illegalen sollte das verneint werden, was allerdings die legalen angeht, spielen hierbei sowohl das soziale Umfeld, aber auch alltägliche Situationen, die einen Drogenkonsum regelrecht suggerieren und fördern, eine nicht unerhebliche Rolle.

Auch Störungen in der Persönlichkeitsentwicklung können einer Suchtentstehung zuträglich sein. Die gestörte Beziehung zu Eltern im Kindesalter kann bei unzureichender Liebe und Wärme für

das Kind zu einer lebenslangen Frustration führen. Später wird es versuchen, diesen Mangel zu beseitigen, unter Umständen mit dem Konsum von Drogen.
Und schließlich sei der Ansatz nicht zu vergessen, dass Suchtmittelkonsum auch als Therapie gegen die eigenen Unzulänglichkeiten (selbst empfunden oder auch durch Druck und Erwartungen anderer forciert) herangezogen und legitimiert wird.

Soziokulturelle Faktoren

Gesellschaftliche Regeln bestimmen, was akzeptiert wird. Dazu gehört bei uns z. B. Alkohol, Nikotin und Koffein als gesellschaftlich akzeptierte Drogen. Viel Kaffee im Büro gehören ebenso dazu, wie der Alkohol auf Festen und Feiern im Zusammenhang mit der Anerkennung von Leistung oder dem Dank dafür. Viele nichtstoffgebundene Süchte sind ebenfalls akzeptiert oder sogar angesehen. Dazu gehören z. B. Arbeiten, Einkaufen oder exzessives Sporttreiben.

Der Suchtmechanismus

Der Suchtmechanismus funktioniert wie eine Spirale, die dazu neigt, den Betreffenden gefangen zu halten und wenig Ausbruchmöglichkeiten zu bieten. Eine „Spirale“ impliziert, dass sie nach oben hin – zum Ende hin – immer enger wird und so die „Fluchtmöglichkeiten“ gegen Null gehen. Mithilfe des Bildes der Spirale kann man auch verdeutlichen, dass süchtiges Verhalten nicht verharmlost werden darf, denn wer einmal in diese Spirale gerät und die Suchtanzeichen nicht ernst nimmt, die Warnungen ignoriert, der wird erleben, dass sich das süchtige Verhalten zum Selbstläufer entwickelt.

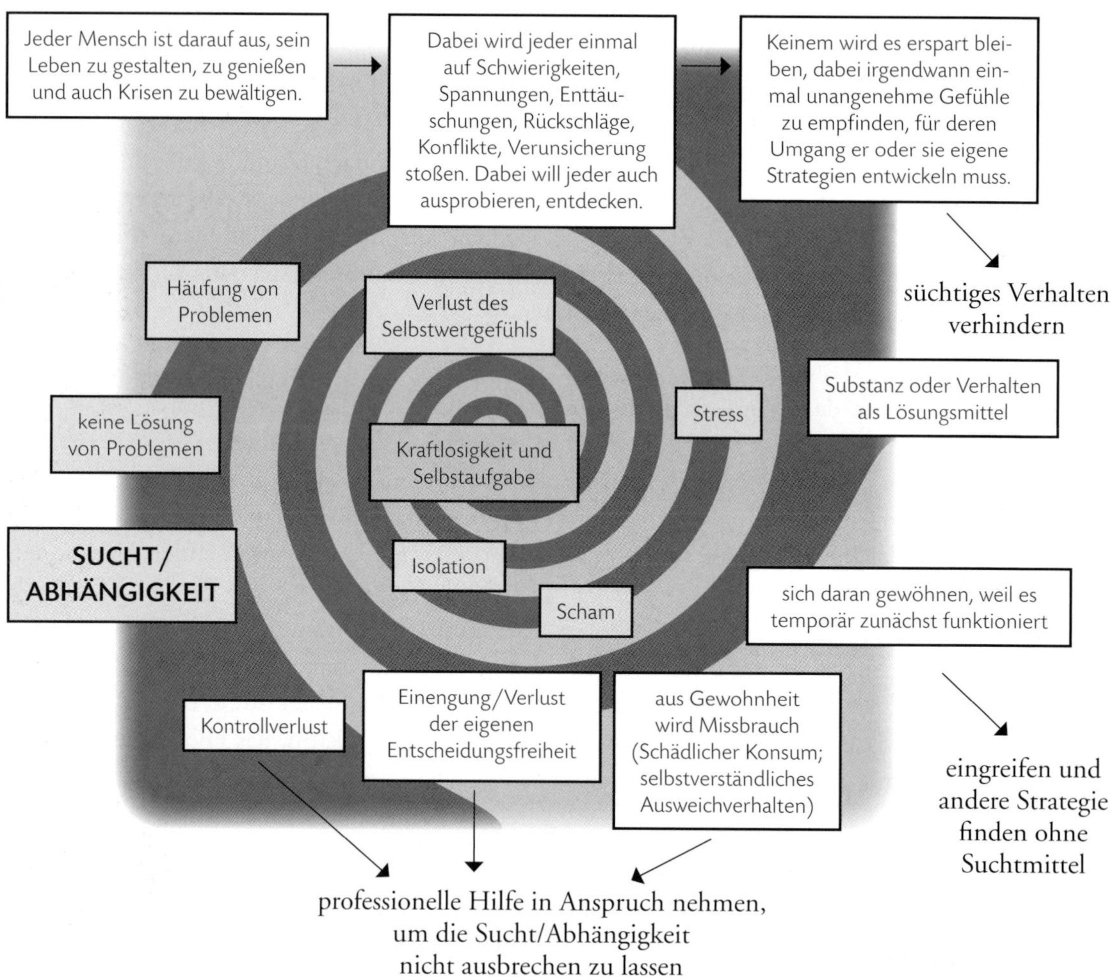

Gesellschaftliche und soziale Bedingungen

Zudem scheinen wirtschaftliche, politische und gesellschaftliche Rahmenbedingungen präventiven Bestrebungen übermächtig entgegenzustehen. Unsere Lebensweise ist auf grenzenlosen Konsum getrimmt und wird durch ihn letztendlich bestimmt. Werbe- und Suchtmittelindustrie stehen

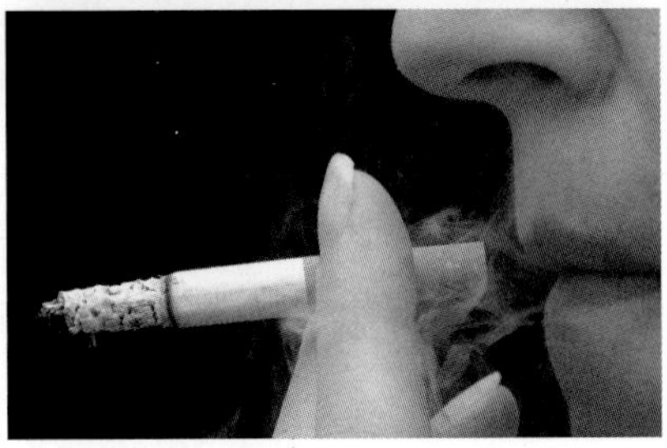

scheinbar unerschöpfliche Kreativitätsressourcen zur Verfügung. Auch erleben wir eine enorme Medienpräsenz von Suchtmitteln sowie deren unbeschwerte Verfügbarkeit. Dem auszuweichen, erscheint äußerst schwierig, wenn nicht unmöglich, lässt Menschen an ihre Grenzen stoßen, zu deren Überschreitung sie nicht selten verschiedene Suchtmittel verwenden. Die alltägliche Verfügbarkeit von Drogen zwingt uns immer wieder zu Entscheidungen und letztlich zum Bewusstsein dessen, was uns im Leben wirklich etwas wert sein soll.
Die Verfügbarkeit von legalen Drogen ist in Deutschland besonders hoch. Daran konnten Jugendschutzgesetze und Kontrollverfahren wenig ändern: Die Alterskontrolle am Zigarettenautomat lässt sich leicht umgehen. Alkoholtestkäufe zeigen immer wieder, wie leicht Alkohol an Jugendliche verkauft wird.
Und nicht zuletzt sind auch die Konsequenzen bei Zuwiderhandlungen auf den Prüfstand zu stellen.
Steuern und Abgaben bewirken meist nur eine kurzfristige Konsumzurückhaltung; bald greifen die Konsumenten wieder zu – und die Staatskasse füllt sich wieder.

Schutz- und Risikofaktoren

Wir leben in einer Suchtgesellschaft, das scheint das Fazit zu sein; auf die eine oder die andere Weise nehmen alle an der Sucht teil, an der Suche nach Glück und Wohlbefinden. Die Sehnsucht nach dem „Flash", nach dem erfüllenden Moment, der Selbstbestätigung sollte aber besser anderswo zu finden sein als im Konsum berauschender Mittel.
Jede Abhängigkeit beginnt mit dem „Probieren", einem ureigensten Verlangen der Menschen. Wenn nun bestimmte äußerliche und innerliche Faktoren eines Menschen zusammentreffen, kann aus dem Probieren ein wiederholtes Konsumieren, eine Gewöhnung und schließlich ein Missbrauch entstehen.

Risikofaktoren:

- fehlendes Selbstwertgefühl
- fehlende Konfliktfähigkeit
- Aggressionsneigung
- fehlende positive Vorbilder
- Fehlen allgemeiner Fähigkeiten im Umgang mit Stress, Selbstzweifeln und Mitteilung eigener Wünsche und Sorgen
- emotionaler Stress/Versagensängste
- Leistungsdruck
- Schwierigkeiten bei der Verarbeitung von Schicksalsschlägen/Verlusten
- geringe Frustrationstoleranz
- Gruppendruck (Peergroup)
- Fehlen einer kritischen Auseinandersetzung bezüglich der kurzfristigen und längerfristigen Auswirkungen der Substanz bzw. bezüglich Legalität und Illegalität (Informationsdefizit)
- leichte Beschaffung/Verfügbarkeit von Suchtmitteln
- positive Einstellung zu Suchtmitteln seitens von Bezugspersonen (Familie, Freunden)
- fehlendes Risikobewusstsein im alltäglichen Umgang mit Suchtmitteln
- positive Gefühlserfahrungen nur unter Hinzunahme von Suchtmitteln (fehlende Bewältigungsalternativen)
- Konsumorientierung (je mehr, desto besser)
- Reizüberflutung

In ihrer Umkehrung können diese Faktoren natürlich teilweise als Schutzfaktoren wirken. Als Schutzfaktor ist z. B. das Stärken des Selbstwertgefühls von großer Wichtigkeit.

Warum sind gerade Jugendliche gefährdet?

Es ist nur natürlich, dass die Sorge Erwachsener Jugendlichen gilt, die ihre Persönlichkeit entwickeln und dabei besonders gefährdet sind.
Nachgewiesen ist, dass ein sehr früher Kontakt mit Drogen/Suchtmitteln die Wahrscheinlichkeit einer späteren Abhängigkeit enorm erhöht.
Und schließlich ist nicht zu vergessen, dass im Jugendalter die Möglichkeit besteht, die Persönlichkeitsentwicklung positiv zu unterstützen. In diesem Sinne können wir von einer ganzheitlichen „Gesundheitserziehung" sprechen. Individualität nach allen Richtungen hin zu gestalten, was später nur unter sehr großer Anstrengung möglich wäre.
Chancen und Gefahren liegen aber auch deswegen so nah beieinander, weil es im Jugendalter im Vergleich zu jedem anderen Lebensalter eine besonders große Zahl von Entwicklungsaufgaben zu lösen gilt, die nicht zuletzt dazu dienen, den Anforderungen eines Erwachsenen, unserer Gesellschaft, unserem Alltag gerecht zu werden:

- Findung des eigenen Ichs
- Auseinandersetzung mit dem eigenen, sich verändernden Körper
- Ablösung von den Eltern
- Aufbau eines Freundeskreises mit vertieften Beziehungen zu Gleichaltrigen
- Entwicklung von Vorstellungen über Partnerschaft/Familie
- Einübung der Geschlechtsrolle
- sexuelle Orientierung
- Entwicklung eigener Normen und Werte
- Entwicklung von Zukunftsperspektiven und beruflichen Perspektiven

Motive des Suchtmittelgebrauchs bei Jugendlichen

Aber nicht nur Aufgaben, sondern auch zahlreiche Möglichkeiten – in unserer heutigen Gesellschaft mehr denn je – strömen auf die Jugendlichen ein und verlangen ein gezieltes Sondieren und Bewerten. Unter Berücksichtigung dessen sollte auch eine gezielte Auseinandersetzung mit möglichen Motiven Jugendlicher, Suchtmittel zu konsumieren, vonstatten gehen:

- Ausprobieren/Neugierde
- Lust an der Provokation
- Risikobereitschaft
- Grenzüberschreitung/Reiz des Verbotenen
- bewusste Verletzung von elterlichen Konventionen und Vorstellungen
- Ausdrucksmittel für sozialen Protest und gesellschaftliche Wertekritik
- Spaß am Leben, an der scheinbaren noch lebbaren Verantwortungslosigkeit
- vermeintliche Zweckerfüllung zur Erreichung persönlicher Ziele und Wünsche
- kontrollierter Kontrollverlust
- demonstrative Vorwegnahme des Erwachsenenalters
- Möglichkeit bei der Suche nach grenzüberschreitenden, bewusstseinserweiternden Erfahrungen
- Zugänglichkeit zu Freundesgruppen/Wunsch dazuzugehören
- bei anderen beliebt sein
- Teilhabe an subkulturellen Lebensstilen
- Ablenkung
- Hilfe bei der Lösung von frustrierenden Erfahrungen
- Notfallreaktion auf heftige psychische und soziale Entwicklungsstörungen

Anders als im Vergleich zu vorherigen Generationen sieht sich unsere Jugend heute einem sehr breiten Angebot an legalen wie illegalen Drogen gegenüber: von missbrauchsfähigen Medikamenten über Genussmittel mit Suchtpotenzial bis zu einer Palette landwirtschaftlich produzierter Drogen aus aller Welt und einer kaum noch überschaubaren Vielfalt von Designer-Drogen, die von vornherein für den illegalen Markt und seinen nimmersatten Bedarf produziert werden. All dies ist heute nebeneinander verfügbar, hat in manchen Regionen schon innerhalb einer Generation den Neuigkeitswert verloren und ist selbst in ländlichen Gegenden in kurzer Zeit zu beschaffen.

Jugendliche Konsumenten/-innen demonstrieren z. T. sehr drastisch, dass sie mit der Welt, wie sie sie vorfinden, nicht zufrieden sind, dass sie Sehnsüchte haben, die in der Realität nicht befriedigt werden können. Diese Bedürfnisse werden kurz- oder längerfristig durch den Konsum passender Drogen/Substanzen/Verhaltensweisen substituiert. Erst ein Reifungsprozess – in den meisten Fällen im Prozess des Erwachsenwerdens als *maturing-out,* nach einer Suchtkarriere allerdings in der Regel erst durch eine Therapie erreichbar – sorgt dafür, dass die hinter dem Drogenkonsum liegenden Bedürfnisse mittels eigener Kräfte und geeigneterer Wege gestillt werden.
Betrachtet man in diesem Sinne den Drogenkonsum in seiner Funktion, so gilt zunächst einmal generell, dass er hilft, älter, erwachsener zu wirken, als man ist. Wenn man Drogen konsumiert, probiert man zugleich Posen des Älterscheinens. Außerdem bieten alle Drogen die Zugehörigkeit zu einer Gruppe, der Gruppe der Raucher, Trinker oder Kiffer, meist auch einer konkreten Clique, zu der man gehören möchte. Gruppenzugehörigkeit ist identitätstiftend, auch Erwachsene bilden und dokumentieren ihr Selbstbild durch Zugehörigkeit zu einer (oder mehreren) Gruppen.
(In Anlehnung an: „Jugend und Suchtverhalten: Nikotin als Einstiegsdroge"; Prof. Dr. Wolfgang Heckmann, Magdeburg)

Dass Jugendliche Irrwege gehen und auf falsche Freunde oder unbrauchbare Ratschläge hereinfallen, ist nicht überraschend. Für sie gilt es herauszufinden:

Wer bin ich, wer möchte ich sein und wie will ich das erreichen?

Es muss ihnen dabei deutlich werden, dass der Suchtmittelkonsum zur Beschreitung dieses Weges, zur Erreichung dieses Ziels, in keiner Weise dienlich, sondern immer kontraproduktiv ist.

Suchtprävention – Gesundheitserziehung

Der Begriff „Prävention" bedeutet „Vorbeugung" – Suchtprävention heißt also, der Entwicklung von süchtigem Verhalten – schließlich Abhängigkeit – vorzubeugen.
Ziel einer modernen Suchtprävention für Jugendliche ist die Stärkung des Menschen, die Besinnung auf die eigene Individualität und deren Kraft. Die Prävention soll Jugendliche dabei stärken und unterstützen, ausweichenden Verhaltensweisen zu widerstehen, die fehlende Lebensqualität ersetzen. Dabei werden auch Mythen ausgeräumt und die Verantwortung des Einzelnen für seine Rechte auf individuelle Selbstbestimmung fokussiert. Schließlich hat jeder die Freiheit, seine Entscheidungen selbst treffen zu können. Jugendliche müssen darin bestärkt werden, dies verantwortungsvoll und zu ihrem eigenen Wohle zu tun, eine sehr schwierige Aufgabe.

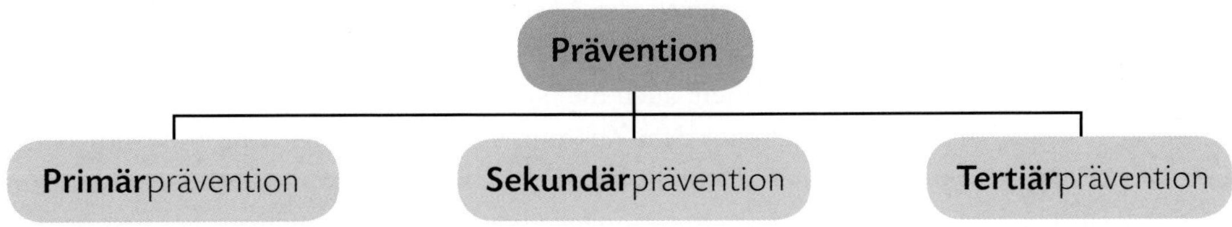

Primärprävention setzt zum frühestmöglichen Zeitpunkt an und richtet sich an breite Schichten der Bevölkerung, vor allem an Jugendliche. Sie setzt also lange vor einer konkreten Gefährdung des Einzelnen an.
Heute wird vor allem der Aspekt der Gesundheitserziehung favorisiert, da dieser positive Impulse setzt.

Sekundärprävention setzt bei Menschen an, die einen beginnenden Suchtmittelmissbrauch bis zur Abhängigkeit aufweisen. Die Betroffenen sollen suchtfördernde Strukturen sowie suchtförderndes oder schon süchtiges Verhalten erkennen und daraus Sucht hemmende Alternativen entwickeln und entsprechend leben lernen.

Tertiärprävention richtet sich an Personen mit bereits verfestigten Formen ausweichenden Verhaltens wie übermäßigem Gebrauch von Suchtmitteln, und ist auch Rückfallprophylaxe. Sie kann nur von Experten, professionellen Beratern und Therapeuten durchgeführt werden.

Die Suchtprävention ist eine gemeinschaftlich gesellschaftliche Aufgabe, an der verschiedenste Institutionen beteiligt sind: Suchtberatungsstellen, Arbeitgeber, Einrichtungen von Bund und Ländern, die in Verbindung mit sozialer Jugendarbeit stehen, Krankenkassen sowie verschiedene Organisationen, und natürlich auch die Schule, die vor allem medial agieren.
Aber auch das noch so engagierte Bemühen gesellschaftlicher Institutionen bleibt erfolglos, wenn Eigenverantwortung nicht wahrgenommen wird.

Eigenverantwortung fordern und fördern

Denn eines ist besonders im Umgang mit Suchtmitteln klar: Prävention beginnt im eigenen Haushalt, in der eigenen Familie und der Erziehung eigener Kinder, im Freundeskreis. Und sie setzt nicht erst bei Abhängigkeit an, sie interveniert bereits bei schädlichem oder gefährlichem Suchtmittelkonsum/-gebrauch.

Wichtig ist also, dass sowohl die Gesellschaft als auch der Einzelne ihre/seine Verantwortung wahrnehmen/wahrnimmt. Im weiteren Sinne zur Suchtprävention gehört auch dazu, vor allem Jugendlichen zu vermitteln, was eigentlich Genuss ist und wie man es schafft, sich des Genießens zu freuen. Natürlich auch, dass ein Genuss kein Dauerzustand, kein Dauerverhalten und schon gar keine alltägliche Situation sein kann. Das ist der Knackpunkt.

Genießen können

In Baden-Württemberg heißt es in der Verwaltungsvorschrift zur Suchtprävention des Ministeriums für Kultus, Jugend und Sport vom 13.11.2000:

> „Suchtvorbeugung geht also weit über die Wissensvermittlung in den einschlägigen Unterrichtsfächern hinaus. Suchtvorbeugung ist jede Erziehung, die darauf ausgerichtet ist, lebensbejahende, selbstbewusste, selbstständige und belastbare junge Menschen heranzubilden und ihnen über positive Grundeinstellungen den Weg in die Zukunft zu bahnen.
> Suchtvorbeugung ist somit eine Aufgabe für jede Lehrerin und jeden Lehrer."
>
> (In: Informationsdienst zur Suchtprävention Nr. 20, Neufassung 2009. Basiswissen schulische Suchtprävention. Eine Handreichung für die Lehrerinnen und Lehrer für Informationen zur Suchtprävention in Baden- Württemberg. Herausgeber Regierungspräsidium Stuttgart, Schule und Bildung, Redaktion: Rolf Schneider, S. 42)*

Ähnliche Handreichungen geben die anderen Bundesländer heraus. Wie in Baden-Württemberg finden die Lehrer an den Schulen oder den Schulämtern Ansprechpartner, eine Lehrerin oder einen Lehrer für Informationen zur Suchtprävention.

Demnach ist der Deutschunterricht natürlich nicht die zentrale Stelle für Suchtprävention. Aber der Deutschunterricht bietet die Chance, Appelle zu verfassen, die von Jugendlichen für Jugendliche formuliert werden, um sich der Suchtgefährdungen im Alltag bewusst zu werden. Er ist der Platz, Informationen zu recherchieren, diese auszuwerten und in argumentative Zusammenhänge mit Appellationscharakter (Adressatenbezug) einzubinden. Und hier sehen wir den Ansatzpunkt, um über Prävention zu sprechen.

Life-Skills-Modelle – die Förderung von Lebenskompetenzen

Botvin, G. J., Mihalic, S. F., & Grotpeter, J.K. (1998). Life Skills Training: Blueprints for Violence Prevention, Book Five.

Die Förderung von Lebenskompetenzen (Life Skills) wurde in den USA von Botvin und seinen Mitarbeiterinnen und Mitarbeitern entwickelt. Im Mittelpunkt des Trainings stehen Rollenspiele und Verhaltensübungen.

Bovin deutete jugendliches Risikoverhalten, auch die Gewaltbereitschaft, als ein als sozial gelerntes funktionales Verhalten. Dieses entsteht aus dem Zusammenspiel von sozialen Beeinflussungen und personalen Faktoren wie Kognitionen, Einstellungen und Überzeugungen. Verschiedene Institutionen entwickelten aus diesem Ansatz Trainingsmodelle bei Drogenabhängigkeit, bei Essstörungen oder zum Abbau der Gewaltbereitschaft.

Die Förderung der Lebenskompetenzen besteht darin, personale Schutzfaktoren zu entwickeln und zu stärken, um so die Widerstandsfähigkeit gegen die Risiken zu erhöhen.

www

* **Die Broschüre kann auf dem Landesbildungsserver Baden-Württemberg heruntergeladen werden:**
http://www.schule-bw.de/lehrkraefte/beratung/suchtvorbeugung/informationsdienst/info20/ (Stand: 4.8.2011)

Gute Ideen können Sie auch entnehmen:
Institut Suchtprävention, Linz: Suchtprävention in der Schule, Informationsmaterialien für die Schulgemeinschaft. 3. überarbeitete Auflage Wien 2008. Herausgeber und Medieninhaber: Bundesministerium für Unterricht, Kunst und Kultur, Abteilung Schulpsychologie – Bildungsberatung, 1014 Wien

Die Materialien stehen online im PDF-Format zur Verfügung:
http://www.praevention.at/upload/documentbox/Suchtpraevention_2.pdf

Die dazugehörigen Arbeitsblätter:
http://www.praevention.at/upload/documentbox/Arbeitsblaetter_sw_2.pdf

In Baden-Württemberg wurde daraus z. B. das Spiralcurriculum „Fit und stark fürs Leben“ konzipiert. Es besteht aus drei aufeinander aufbauenden Unterrichtsmanualen für die Klassenstufen 1–2, 3–4 und 5–6. Durch die Förderung ab der ersten Klasse sollen die Kinder möglichst frühzeitig in ihrer psychosozialen Kompetenz gestärkt und mit gesunden und positiven Strategien ausgestattet werden, die sie zur Bewältigung bevorstehender Herausforderungen – wie z. B. den Umgang mit dem Angebot legaler und illegaler Suchtmittel – benötigen.

Siehe: Martin Aßhauer/ Reiner Hanewinkel: „Fit und stark fürs Leben“ – Prävention des Rauchens durch Vermittlung psychosozialer Kompetenzen. Informationsdienst zur Suchtprävention Nr. 15, S. 33–40. Online verfügbar: http://www.schule-bw.de/lehrkraefte/beratung/suchtvorbeugung/informationsdienst/info15/I15232.pdf

Das „Tankmodell" nach Christoph Lagemann

Siehe SH 46–47

Dieses Modell versucht auf der Grundlage der verschiedenen Risikofaktoren und deren Zusammenwirken bei der Entstehung von süchtigen Verhaltensweisen Ansatzpunkte zu finden, wie man dieser Entwicklung entgegenwirken kann.
Das Tankmodell geht davon aus, dass jeder Mensch einen sogenannten „Seelentank“ besitzt, der im Verlauf unseres Lebens nicht immer gleichvoll ist. Diesen „Seelentank" füllen wir mit vielen verschiedenen „Treibstoffen", die dafür sorgen, dass wir uns wohlfühlen. Solche Treibstoffe können z. B. Spaß, Anerkennung, Erfolg, Liebe, Lust, Leidenschaft, Abenteuer, Geborgenheit oder auch die Erfüllung von Bedürfnissen und Wünschen sein.

Lagemann, Ch. (1994): Das Tankmodell als Handlungsrahmen für die Jugendarbeit. In: Jugendreferate der Bundesländer Oberösterreich, Tirol, Vorarlberg und Salzburg (Hrsg.). Jugend sucht Genuß. Suchtvorbeugung in der Jugendarbeit. Tagungsband (S. 45–51). Salzburg: Akzente

Tankstellen:

Unseren Tank können wir an verschiedenen Tankstellen auffüllen: Familie, Freunde, Schule/Beruf, Sport, Hobby, Genussmittel etc.
Tankstellen unterliegen der Veränderung, manche können irgendwann nicht mehr benutzt werden, andere kommen irgendwann neu hinzu, wenn wir uns selbst aktiv darum bemühen. Wir entscheiden über die Qualität und Quantität unserer Tankstellen mit.
Aus unterschiedlichen Gründen füllen wir manchmal unseren Tank mit dem falschen „Treibstoff“, weil er vielleicht gerade verfügbar ist, weil es einfach ist, ihn einzufüllen, weil man Anstrengungen vermeiden möchte, weil die Versuchung dies zu tun, einfach zu verlockend ist. Der falsche Treibstoff – Ersatzhandlungen, Drogen, Ersatzstoffe, gaukeln uns vor, er sei voll.

Das „Tankmodell“ von Christoph Lagemann ist ein „Life-Skills-Modell“. Wir verwenden es im Schülerheft, da es besonders anschaulich und leicht zu vermitteln ist.
Im Unterrichtsteil auf S. 65 ff. wird es ausführlicher erläutert.

Das Repertoire dieser „Lebensbewältigungsstrategien“ ist entscheidend dafür, wie leichtfertig man sich selbst eines süchtigen Verhaltens bedient, um unangenehmen Situationen, Gefühlen, Erfahrungen aus dem Weg zu gehen und die Auseinandersetzung damit zu meiden.
Daher halten wir es für ganz wichtig, diese Strategien in den Mittelpunkt zu rücken und in einen regen Austausch darüber zu treten.

Informieren, die Auseinandersetzung mit der Thematik stärken

Es geht im Wesentlichen darum, Jugendliche auf die Problematik des Suchtverhaltens im Alltag aufmerksam zu machen, jedoch nicht zu dramatisieren. Es geht um eine bewusste Auseinandersetzung mit der Thematik, nicht aber um Abschreckung. Es geht darum, zu informieren und verstehen, um selbstbewusst Entscheidungen im Alltag zu treffen, die die Entwicklung von süchtigem Verhalten verhindern können.

Informieren – nicht abschrecken!

Daher stehen im Zentrum unserer Betrachtungen:

- die sachliche Information über Gefährdungen, Entwicklungen, Ursachen und vor allem Auswirkungen süchtigen Verhaltens
- die Förderung eines gesundheitsbewussten Lebens
- die Stärkung des Selbstbewusstseins und der Persönlichkeitsentwicklung (Kommunikationsfähigkeit, Kreativität, Weckung allgemeiner Interessen)
- das Erlernen von Eigenverantwortung und Selbstständigkeit
- das Erlernen von Bewältigungsstrategien für Konflikte, Stress, Problemlösungen und zum Verzicht

- die Motivation, individuelle Verhaltensweisen und Suchtverhalten kritisch zu hinterfragen und zu überprüfen
- die Förderung des Erkennens von dem, was einem guttut
- die Motivation zum Erkunden/Entwickeln von Alternativen
- das Entwickeln von verantwortungsbewusster Entscheidungsfähigkeit
- das Erarbeiten klarer Regeln zum Suchtmittelkonsum
- das Eröffnen von Erlebnisalternativen zu suchtriskanten Verhaltensweisen
- das Fördern der Wahrnehmung eigener Ziele und Bedürfnisse
- die Steigerung der Erlebnisfähigkeit
- die Förderung eines gesundheitsbewussten Umgangs mit sich selbst

Wie erreichen wir Jugendliche?

Jugendliche ernst nehmen	auf Abschreckung weitestgehend verzichten	Aufklärungskampagnen
alternative „Erlebnispädagogik"	Beteiligung der Jugendlichen an Präventionsarbeit	Gesprächsangebot, nicht -zwang
Konsumgründe/-motive Jugendlicher ergründen	langfristig/permanent handeln, keine Einmalaktionen	an Alltag der Jugendlichen ankoppeln (der ist anders!)

Wenn Jugendliche erkennen, dass sie für ihr eigenes Handeln, ihre eigenen Verhaltensweisen einen Gewinn aus der Auseinandersetzung mit Suchtverhalten im Alltag ziehen können, werden sie zu einer konstruktiven Arbeit bereit sein. Diese sollte das Erstellen von „Verträgen", von „Regelkatalogen" und „Verzichtserklärungen" beinhalten.

Genießen lernen

Genießen braucht Zeit, die innere Einstellung will gelernt sein. Voraussetzung für das Genießen ist zunächst, die Genusstätigkeit als etwas Besonderes zu empfinden. Nicht nur als Belohnung, auch als „Tankstelle" für Kraft, Ruhe und Leistungsfähigkeit.
Doch genau da liegt das Problem. Heutzutage sind viele Jugendlichen der Meinung, dass alles, was sie tun oder konsumieren selbstverständlich ist. Daher ist es natürlich auch relativ einfach, den Begriff Genuss mit Konsum gleichzusetzen, was wiederum die Gefahr süchtigen Verhaltens impliziert.
In unserem Alltag erlauben wir uns aber Genuss aufgrund von Hektik, Stress, Fastfood-Angebot, Zeitmangel oder ähnlichem oft nicht mehr. Wir können nicht mehr genießen.

Zu den Kriterien des Genießens gehören:

- die Erfahrung, was einem in einer bestimmten Situation guttut
- gezielte Auswahl
- Limitierung
- eigene Entscheidung über ob, wann und wie
- Möglichkeit des Aufschiebens und Entwickeln von Vorfreude
- keine Permanenz

Das Praktizieren von Genießen führt zu:

- Wohlgefühl
- Entspannung
- Glück
- Freude
- Geschmackserlebnis
- Lebenskraft
- Zufriedenheit
- positiven Einstellungen
- Wahrnehmung der eigenen Sinne
- Lebensbejahung
- Ausgeglichenheit
- gesunder Lebensführung
- Gelassenheit im Umgang mit Stress und Problemen

Natürlich kann man das Genießen lernen, aber in unserer schnelllebigen Zeit, die geprägt ist vom Konsumdenken, von Reizüberflutung und permanentem Zeitmangel, ist es besonders für Jugendliche schwierig, sich dem Genießen zu öffnen, ihm Aufmerksamkeit zu schenken und es als „Tankstelle" zu benutzen.

Kein Genuss ist vorübergehend, denn der Eindruck, den er zurücklässt, ist bleibend.
Johann Wolfgang von Goethe

Alkohol und Nikotin als häufigste stoffliche Suchtmittel bei Jugendlichen

In unserem Schülerheft wird die Problematik der illegalen Drogen natürlich angesprochen, aber nicht ins Zentrum der Betrachtungen gerückt. Das hat folgenden Grund: Wenn wir uns die Zielgruppe des Heftes, also die 15- bis 17-Jährigen, anschauen, dann wird deutlich, dass der Kontakt mit illegalen Drogen in dieser Altergruppe relativ gering ist. Etwa ab 18 Jahren steigt die Zahl der Konsumenten harter Drogen an, vor allem in den Bereichen Kokain und Amphetamine.
Was in der Altersgruppe der 15- bis 17-Jährigen allerdings schon problematisch ist, ist der zunehmende Cannabiskonsum sowie die Verbreitung verschiedener Designerdrogen, die mittlerweile in unterschiedlichen Varianten erhältlich sind und ihrer Wirkung zunehmend unberechenbarer werden, da Inhaltsstoffe verwendet werden, deren Wirkung verheerend sein kann. Das Alter des Erstkonsums von illegalen Drogen, außer Cannabis, liegt bei etwa 17,5 Jahren. Ohne die Gefahr der verschiedenen illegalen Drogen zu unterschätzen, ist doch die Zahl der jugendlichen Konsumenten von Alkohol und Nikotin vergleichsweise um ein Vielfaches höher und stellt damit natürlich ein akutes Problem dar.
Daher widmen wir uns auch in den Schreibaufgaben und Erarbeitungsphasen neben der Computersucht als Beispiel für Verhaltenssüchte der Problematik des Alkohol- und Nikotinkonsums.

Alkoholkonsum Jugendlicher

Je früher ein Jugendlicher mit Alkohol in Berührung kommt, also Alkohol konsumiert, desto größer ist die Gefahr, ein süchtiges Verhalten im Umgang mit Alkohol zu entwickeln. Als legale Droge impliziert sie bei vielen Jugendlichen eine gewisse Harmlosigkeit, die absolut trügerisch ist.

Alkoholkonsum Jugendlicher in Zahlen:

- Der regelmäßige Alkoholkonsum bei den 12- bis 17-Jährigen geht langfristig zurück (28,5 % 1986 bis 12,9 % 2010).
- Zwei Drittel der 12- bis 15-Jährigen haben schon einmal Alkohol getrunken. Bei 16-Jährigen sind es über 90 %, die schon einmal Alkohol getrunken haben (BZgA 2009).
- Die durchschnittlich konsumierte Menge Alkohol bleibt bis 16 Jahre eher gering. Dann steigt sie sprunghaft an und bleibt auch danach auf diesem Niveau (BZgA 2009).
- Der Alkoholkonsum verfestigt sich bei den 16- bis 17-Jährigen soweit, dass ein Drittel regelmäßig trinkt, also mindestens einmal pro Woche (BZgA 2009).
- Während bei den Jungen mehr Haupt- und Realschüler regelmäßig trinken als Schüler von Gymnasien, ist dieses Verhältnis bei Mädchen umgekehrt (Lampert & Thamm 2007).
- Es trinken mehr männliche Jugendliche regelmäßig als weibliche. Auch die durchschnittlichen Trinkmengen sind bei männlichen Jugendlichen höher (RKI 2009; BZgA 2009).
- In den neuen Bundesländern trinken prozentual mehr Jugendliche regelmäßig Alkohol als in den alten Bundesländern (RKI 2009).
- Deutsche Jugendliche trinken häufiger und mehr Alkohol als in anderen europäischen Ländern. In vielen Vergleichen liegt Deutschland in der Spitzengruppe (ESPAD 2007).
- 8,2 % der 12- bis 17-Jährigen trinken Alkoholmengen, die auch für gesunde Erwachsene riskant oder gefährlich sind (BZgA 2009).
- „Binge-Drinking": Jeder fünfte Jugendliche trinkt einmal im Monat 5 Gläser oder mehr (BZgA 2009). Diese Menge ist für Jugendliche gefährlich, da sie die körperliche und geistige Entwicklung beeinträchtigen kann (Seitz, Bühringer & Mann 2008; weitere Informationen: DHS Factsheet Binge-Drinking und Alkoholvergiftungen).
- Die Zahl der Jugendlichen, die mit akuter Alkoholvergiftung im Krankenhaus behandelt werden müssen, ist zwischen 2000 und 2008 um 170 Prozent gestiegen (von 9514 auf 25 709) (Destatis 2000–2009).

- Bier und Weinmischgetränke sowie Alkopops gehören zu den beliebtesten Getränken von Jugendlichen (BZgA 2004, 2007, 2009). Werbung und Marketing für diese Getränke führen dazu, dass Jugendliche das Risiko durch Alkoholkonsum unterschätzen und bewirken dadurch einen erhöhten Alkoholkonsum Jugendlicher (Anderson 2007, DAK 2009; Science Group of the European Alcohol and Health Forum 2009; Saffer & Dave 2006)
- Der frühe Konsumeinstieg stellt die Weichen für Konsummuster im Erwachsenenalter.
- 6,2 % der 12- bis 17-Jährigen weisen tägliche Konsummengen auf, die auch für gesunde Erwachsene riskant sind. Weitere 2,0 % trinken täglich Mengen, die auch für Erwachsene als gefährlich gelten.

Konsumformen, 12 bis 17 Jahre, 2008 (in Prozent)

	Gesamt	Jungen	Mädchen
Abstinent	54,7	52,9	56,6
Risikoarmer Konsum	37,1	38,0	36,1
Riskanter Konsum	6,2	6,6	5,8
Gefährlicher Konsum/ Hochkonsum	2,0	2,5	1,5

Quelle: BZgA 2009

- Bei Unfällen mit Personenschaden wird ein Großteil der alkoholbedingten Straßenverkehrsunfälle durch männliche, alkoholisierte Fahrer verursacht.
- Bei mehr als jedem vierten Todesfall junger Männer im Alter von 15 bis 29 Jahren spielt Alkohol eine Rolle.

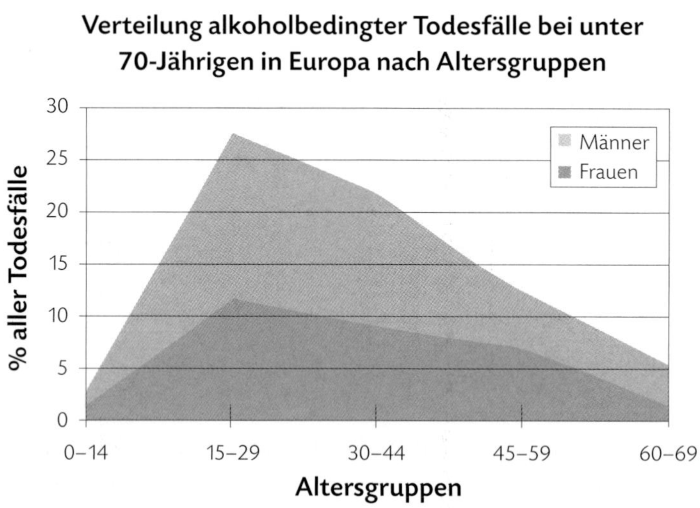

Quelle: Anderson & Baumberg 2006

- Alkoholkonsum hängt in besonderem Maße mit riskantem Sexualverhalten zusammen (ESPAD 2007). Unvorsichtiger, ungeschützter Geschlechtsverkehr kann zu ungewollten Schwangerschaften führen und erhöht die Gefahr einer Ansteckung mit sexuell übertragbaren Krankheiten.
- Problematischer Alkoholkonsum in der Jugend erhöht das Risiko für einen niedrigen Bildungs- und sozioökonomischen Status im Erwachsenenalter.
- Die Wirkung von Alkohol führt dazu, dass es bei aggressiven Auseinandersetzungen häufiger zu Gewaltanwendung kommt. Bei etwa einem Drittel aller Gewalttaten steht der Täter unter Alkoholeinfluss.
- Jugendliche mit problematischem Alkoholkonsum neigen stärker zu Gewaltdelikten als Jugendliche ohne problematischen Konsum. So weisen 25 % männlicher, jugendlicher Gewalttäter problematischen Alkoholkonsum auf, und diese begehen 60 % der verübten Gewalttaten dieser Gruppe (Kuntsche et al. 2006).
- Betrunkene werden häufiger Opfer von Gewaltdelikten.
- Im Jahr 2008 waren etwa 11 % aller Straftäter unter Alkoholeinfluss minderjährig.
- Häufig in Zusammenhang mit Alkoholkonsum Jugendlicher stehen Gesetzesverstöße, wie z. B. Beleidigungen, Diebstahl, Raub und Sachbeschädigung.
- Fast jedes fünfte Kind wächst in einer suchtbelasteten Familie auf.
- Das Erleben von Gewalt und Alkoholproblemen in der Kindheit erhöht das Risiko der Betroffenen, im späteren Leben selbst zu Tätern zu werden und auch selbst Alkoholprobleme zu entwickeln.

Quelle: DHS Factsheet Alkohol und Jugendliche, www.dhs.de
Siehe auch: www.dhs.de/datenfakten/alkohol.html

„Binge-Drinking"

Dass das Trinken großer Mengen von Alkohol kein Phänomen der Jugend ist, kann man auf jeglichen Volksfesten und an Karneval vielerorts beobachten. Viele scheinen daran Gefallen zu finden, sich volllaufen zu lassen und in einen Rausch zu verfallen, der ihnen scheinbar Befriedigung verschafft. Dennoch ist mit Sorge zu beobachten, dass sich das „Binge-Drinking" bei Jugendlichen größter Beliebtheit erfreut, dass solche Exzesse auch bis zum Tod führen können und dass dies scheinbar als normal angesehen wird.

Definition:

Binge-Drinking = engl. „Rauschtrinken", „Besäufnis", „Trinkgelage"

In Deutschland wird der Konsum von fünf oder mehr Gläsern eines alkoholischen Getränks bei einer Trinkgelegenheit als „Binge-Drinking" definiert. Ein Glas enthält ca. 10 bis 12 g reinen Alkohol. Diese Alkoholmenge findet sich bei den in Deutschland typischen Glasgrößen jeweils in einem kleinen Glas Wein (0,125 l), in einem kleinen Glas Bier (0,33 l) oder in einem Schnapsglas (0,04 l). Das Trinkverhalten beim „Binge-Drinking" kann eine Alkoholintoxikation, also eine Alkoholvergiftung, hervorrufen.

Warum ist „Binge-Drinking" so gefährlich?

Alkohol ist ein Zellgift und wirkt auch schon bei einmaligem Konsum in den Nervenzellen. Natürlich tritt eine nachhaltige Schädigung nicht bei kleinsten Mengen ein, aber es besteht die Gefahr, dass man die kleinen Mengen öfter konsumiert. Selbst wenn man nur jede Woche einmal Alkohol trinkt, wird es zu einer gewissen Gewohnheit. Auch der Körper gewöhnt sich an die eingenommenen Alkoholmengen. Daher gibt es also generell keinen Alkoholkonsum ohne Risiko. Beim „Binge-Drinking" potenziert sich nun das Risiko. Es wird oft bis zur Alkoholvergiftung getrunken. Alkohol lähmt das zentrale Nervensystem und ist in hohen Dosen tödlich:

- Senkung des Blutzuckerspiegels mit der Folge eines lebensbedrohlichen Komas
- Alkohol entzieht dem Körper viel Flüssigkeit
- lebenswichtige Reflexe werden ausgeschaltet (z. B. Gefahr des Erstickens bei Erbrechen, Erfrierungsgefahr besonders im Winter)
- Epileptischer Anfall (Krampfanfall)
- Atemstillstand
- plötzlicher Herztod

Für unerfahrene Trinker ist das Risiko besonders hoch, denn es dauert mindestens 30 Minuten, bis der Alkohol über den Dünndarm ins Blut gelangt. In dieser Zeitspanne kann ein „Binge-Drinker" eine hochgefährliche Dosis Alkohol zu sich nehmen, bevor er überhaupt Anzeichen von Trunkenheit verspürt oder das Bewusstsein verliert.

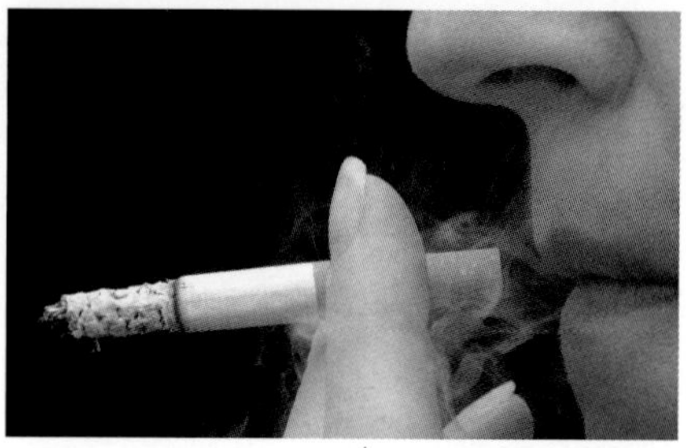

Nikotin und Jugendliche

Auch beim Nikotinkonsum Jugendlicher sind die Zahlen erfreulicherweise rückläufig. Nikotin gilt weit verbreitet als Einstiegsdroge auch in den Konsum z. B. von Cannabis und bedarf unter anderem auch daher natürlich besonderer Aufmerksamkeit.

Nikotin hat ein enorm hohes Abhängigkeitspotenzial, bereits eine Zigarette hat Auswirkungen auf das spätere Suchtverhalten. Das Gehirn merkt sich die anregende Wirkung des Nikotins und speichert diese im Belohnungszentrum. Die stimulierende Wirkung eines Tabakproduktes wird vom Körper fortan als etwas „Positives“ behandelt und das mögliche Verlangen nach einer weiteren Zigarette wird wahrscheinlicher.

Wissenswertes über Nikotin:

- Sowohl inhalierter Rauch als gepaffter Rauch von Zigarren und sogar Schnupf- und Kautabak machen abhängig.
- Nikotin wirkt wie auch andere Drogen stimulierend auf den Körper und das Gehirn und setzt glücklich machende Stoffe wie Serotonin, Dopamin, Noradrenalin und Endorphin frei.
- Nikotin ist der Hauptbestandteil von Tabak und für die Abhängigkeit verantwortlich.
- 68,1 % der 12- bis 17-jährigen Jugendlichen haben noch nie geraucht. (BZgA 2010)
- Hat sich der Körper einmal an einen gewissen Nikotinspiegel gewöhnt, so reagiert er mit Unruhe und Verlangen auf einen abgesunkenen Wert.
- Binnen 7 Sekunden wird das Nikotin in den Körper befördert.
- Jeder zehnte Jugendliche zwischen 12 und 19 greift in Deutschland regelmäßig zur Wasserpfeife (Shisha).
- Nur jeder zweite Jugendliche weiß, dass Wasserpfeife-Rauchen schädlich ist.
- Beim Shisha-Rauchen gelangen Gifte wie Chrom, Nickel oder Blei viel tiefer in die Lunge als bei Zigaretten.
- In Deutschland raucht rund ein Drittel der Erwachsenen. Das sind etwa 16 Millionen Menschen.
- Beim Verbrennen einer Zigarette entstehen mehr als 4800 chemische Stoffe. Etliche davon sind hochgradig giftig und krebserregend. Neben Nikotin, Teer und Kohlenmonoxid entstehen unter anderem Benzol, Arsen und Polonium.
- Wegen ihres Tabakkonsums sterben bundesweit jährlich etwa 140 000 Menschen vorzeitig.
- Zu den häufigsten Folgen des Rauchens gehören Krebs (besonders Lungenkrebs), Arterienverkalkung, Kreislauf- und Atemwegserkrankungen sowie Magengeschwüre.
- Durch Passivrauchen kommen jährlich rund 3300 Menschen ums Leben.
- Im Jahr 2007 wurden in Deutschland 91,5 Milliarden versteuerte Zigaretten verkauft. Seit 2002 war der Absatz bis dahin um mehr als ein Drittel eingebrochen.
- Schätzungen zufolge ist jede fünfte gerauchte Zigarette geschmuggelt.

SH 27

Auffällig bei Jugendlichen ist die teilweise erschütternde Unwissenheit über das Rauchen. Ein kleiner Wissenstest kann dabei sehr aufschlussreich sein und schon sensibilisieren für die Gefahren, die vom Nikotin ausgehen (siehe Test im Schülerheft S. 27).

Cannabis

Cannabis ist nach Alkohol und Nikotin die häufigste Droge bei Jugendlichen. In der Altersgruppe der 22- bis 25-Jährigen ist Cannabiskonsum am weitesten verbreitet, dort haben etwa 40 % schon einmal Cannabis zu sich genommen. Etwa 7,4 % der 12- bis 17-Jährigen haben Cannabis schon mindestens einmal probiert.
Es wird am häufigsten in Form von Haschisch oder Marihuana konsumiert.
Cannabis führt zu einer psychischen Abhängigkeit bei hohem und dauerhaftem Konsum.
Haschisch und Marihuana wirken beim ersten Konsum recht oft überhaupt nicht. Schon deshalb gehört zu ihrem Konsum auch das Bedürfnis nach einem besonderen, exotischen Reiz, der nicht zuletzt auch durch die Illegalität des Konsums ausgelebt wird. Wer die Wirkung dann kennenlernt und sich wiederholt verschafft, schätzt besonders den Zustand einer geteilten Wahrnehmung zwischen Tag und Traum, die den Wirkungen meditativer Verfahren nicht unähnlich ist.

Die Wirkung von Cannabis
Cannabis – Kiff, Stein, Piece, Gras, Shit, Skunk, Zero, Hasch

Typen/Erscheinungsform
Haschisch, Marihuana, Haschischöl

Konsumform
Rauchen (Joints, Wasserpfeife, Blubber, Bong, Eimer, Pfeife), essen (Kekse, Kuchen), trinken (Tee, Kakao)

Wirkungsdauer
Geraucht setzt die Wirkung sofort ein, gegessen oder getrunken nach etwa einer Stunde, dafür deutlich stärker. Die erlebte Rauschwirkung hält einige Stunden an, der körperliche Abbau dauert jedoch wesentlich länger, weshalb man noch Wochen nach dem letzten Konsum Spuren der Droge im Urin nachweisen kann.

Effekte auf den Körper
Die Pulsfrequenz steigt, der Blutzuckerspiegel sinkt. Der Appetit steigt (Fressanfälle). Reizung der Augenbindehaut, daher gerötete Augen. Mundtrockenheit. Bei Überdosierung stellen sich Schwindel, Übelkeit, Kreislaufprobleme ein.

Erlebtes Wirkungsspektrum – positiv
Neuartige Ideen und Wahrnehmungen. Witzige Assoziationen und Gedankensprünge. Man erlebt sich kreativ, die Sinneswahrnehmungen (Hören, Sehen, Riechen, Schmecken, Berührung) werden intensiver. Das Zeitgefühl verändert sich. Euphorie. High sein. Trotzdem emotionaler Abstand zu allem. Man fühlt sich gelassen und entspannt (Wattegefühl), angenehm träge und „fett".

Erlebtes Wirkungsspektrum – negativ
Sich in Gedanken reinsteigern, geistige Selbstüberschätzung. Konzentrationsschwäche macht sich bemerkbar. Man fühlt sich unangenehm „fett", ist träge und breit. Es kann zu Gedächtnisstörungen bis hin zum Filmriss kommen. „Peilung" und Kontakt zur Realität gehen verloren, bis hin zu Angstzuständen, Verwirrung, Verfolgungsideen, Halluzinationen (Horrortrip).

Mögliche Nachwirkungen des Rauschs
Es bleibt ein träges, „matschiges" Gefühl. Man fühlt sich wenig wach, aber auch gereizt, nervös und angespannt. Interesselosigkeit.

Längerfristige Auswirkungen bei häufigerem Konsum
Leistungsabfall, Störungen der Merkfähigkeit und der Konzentration. Es kann zu Schlafstörungen kommen. Gegenüber früher Wichtigem und Alltagsanforderungen entsteht eine wachsende Gleichgültigkeit. Das Sichtreibenlassen kann zum Dauerzustand werden. Depressionen. Gewöhnung bis zur psychischen Abhängigkeit. Der Konsum kann Angstzustände auslösen, Orientierungslosigkeit und Realitätsverlust bis hin zu einer Psychose.

Quelle: http://www.drogen-und-du.de/cont_all/Index1.htm
Das Internet-Projekt www.Drogen-und-Du.de wurde im Rahmen des EU-Projekts: Elaboration of Concepts for Secondary Prevention of Drug Abuse im Auftrag der Senatsverwaltung für Schule, Jugend und Sport, Berlin entwickelt.
Das Projekt wurde vom Therapieladen e.V. realisiert und durchgeführt. Der sekundärpräventive Ansatz im Therapieladen basiert auf dem Konzept des „Risikomanagements". Das Ziel unseres Konzeptes ist neben der Vermittlung sachlicher Informationen, die Förderung und Sensibilisierung der Wahrnehmung persönlicher Risiken im Umgang mit psychoaktiven Substanzen.

Nichtstoffliche Süchte – Verhaltenssüchte

Dass man auch ohne Droge süchtig werden kann, wurde bereits angesprochen. Auch eine Verhaltensweise, die zwanghaft wiederholt werden muss, um eine gewisse Befriedigung, einen positiven, emotionalen Zustand zu erreichen, macht süchtig – das Abhängigkeitspotenzial ist ähnlich wie bei substanzgebundenen Suchtformen. Das Problem der Verhaltenssüchte liegt zunächst darin, sie als solche zu erkennen, da sie zunächst vordergründig keine physischen Auswirkungen haben. Dennoch schädigen sie die Gesundheit, vor allem aber das soziale Verhalten und die sozialen Kompetenzen, aber auch ökonomische Folgen können eintreten.
Verhaltenssüchte werden meist auch als „Impulskontrollstörung" bewertet. Sie sind durch wiederholte Handlungen ohne vernünftige Motivation gekennzeichnet, die nicht kontrolliert werden können. Der betroffene Patient berichtet von impulshaftem, also „zwanghaftem" Verhalten. Diese Störung ist im Verzeichnis der ICD-10 unter „Abnorme Gewohnheiten und Störungen der Impulskontrolle" gelistet und somit anerkannt, wenn auch nicht unter dem Begriff „Sucht".

Die pathologische Glücksspielsucht ist in der ICD explizit aufgeführt, Computerspielabhängigkeit aber nicht. Vermutlich wird sie bei der nächsten Aktualisierung der DSM (Diagnostik and Statistical Manual of Mental Disorders) im Klassifikationssystem der American Psychatric Association berücksichtigt werden.

Da die Praxis aber zunehmend zeigt, dass Computerspiel- und Internetsucht unter Jugendlichen zunehmen, stellen sich die Krankenkassen darauf ein. Zwar sind die Zahlen der dort erfassten Suchterkrankungen noch sehr gering, aber man hat den Konsens, dass auch ohne ICD-Aufnahme bestimmte Verhaltenssüchte als Suchterkrankungen anerkannt und so eine Therapie ermöglicht wird. Die Vereinbarung der Krankenkassen setzt hierfür folgende Kriterien an:

- Unfähigkeit zur Abstinenz oder
- Verlust der Selbstkontrolle oder
- Periodisches Auftreten eines der beiden Symptome

Ein sogenannter regelwidriger Geisteszustand (Rechtsprechung des Bundessozialgerichts), wie er bei Verhaltenssüchten eindeutig hervorgerufen wird, ist die Grundlage dafür, dass jede Sucht als Krankheit gilt, unabhängig von der Art des Suchtmittels.

Dass eine verstärkte Notwendigkeit besteht, sich der Therapie von Verhaltenssüchten zu widmen, zeigt ein interessantes Beispiel der Klinik und Poliklinik für Psychosomatische Medizin und Psychotherapie Mainz (http://www.unimedizin-mainz.de/index.php?id=5377). Die dort neu installierten gruppentherapeutischen Behandlungsangebote für Computerspiel- und Internetsucht beinhalten unter anderem anonyme und kostenlose telefonische Beratung für Betroffene von Verhaltenssüchte sowie deren Angehörige, Partner oder Freunde, ambulante Gruppentherapie für „Computerspiel-/Internetsucht“ bei Jugendlichen und jungen Erwachsenen, verhaltenstherapeutisches Therapiekonzept unter Einbeziehung interaktioneller Beziehungsgestaltung, Problemlösetraining, Aufbau alternativen Verhaltens, Rückfallprophylaxe/Expositionstraining, Rollenspiele (Übungen zu verbaler/nonverbaler Kommunikation) Fertigkeitentraining (skills).

Die Zahl der Verhaltenssüchte nimmt ständig zu, je nach der Weiterentwicklung der technischen Möglichkeiten und der Veränderung der Gesellschaft wie auch ihrer Werte:

- **Ess-Brech-Sucht (Bulimie), Magersucht, Fettsucht**

  Bei Essstörungen handelt es sich nicht um Süchte im eigentlichen Sinne, sondern vielmehr um psychosomatische Erkrankungen mit typischen Aspekten einer Sucht. Das vorwiegende Schönheits- und Schlankheitsideal spielt bei der drastischen Zunahme von Essstörungen eine wichtige Rolle. Hinzu kommen oft ein niedriges Selbstwertgefühl, ungelöste Konflikte aus der Kindheit und das elterliche Vorbild.

- **Arbeitssucht**

  Die Symptome von übermäßigem Arbeitseifer ähneln denen der Alkoholsucht. Arbeitssüchtige erlangen durch ständiges Arbeiten ein Hochgefühl. Die Arbeit geht immer vor, das tägliche Pensum wird immer weiter gesteigert, Freunde und Familie werden vernachlässigt.

- **Spielsucht/Glücksspielsucht**

  Etwa 90 Prozent der geschätzten 25 000 bis 130 000 Spielsüchtigen in Deutschland sind Männer. Süchtige Spieler können nicht mehr aufhören zu Zocken, auch wenn sie gewinnen. Der Gewinn ist ihnen nie hoch genug. Schulden werden gemacht, um weiterspielen zu können, das Spiel wird zum Lebensinhalt und stürzt den Spieler in den finanziellen Ruin. Nicht selten zerbrechen die Familie und das soziale Umfeld an der Spielsucht.

- **Kaufsucht**

  Kaufsucht ist eine psychische Störung, bei der Betroffene unter dem innerem Zwang stehen, kaufen zu müssen. Die Kaufsucht ist eine Krankheit, eine Sucht, mit all den negativen Auswirkungen, die viele Süchte haben: Überschuldung, Isolation, Zerstörung der Familie und des Freundeskreises, starke persönliche und soziale Probleme.

- **Sportsucht**
  Menschen mit einer *Anorexia athletica* (Sportsucht) suchen Anerkennung durch ihren Körper. Durch ausbeuterisches Training und gleichzeitige Verringerung der Nahrungsaufnahme streben sie einen Sieg des Geistes über den Körper an. Häufig bleibt dabei aber gerade der Körper auf der Strecke: Mangelnde Ernährung kann vielfältige Folgen nach sich ziehen, beispielsweise Blutarmut, Vitaminmangel, Osteoporose, Wachstumsstörungen, Ausbleiben der Regelblutung bis hin zu Störungen des Immunsystems und der Herztätigkeit.
- **Sexsucht**
  Besessenheit, Machtlosigkeit und die Benutzung von Sex als Schmerzmittel sind die Symptome dieser Sucht, die zwar häufiger bei Männern auftaucht, aber nicht ausschließlich.

Allen diesen Verhaltenssüchten ist gemein:

- Kontrollverlust
- Wiederholungszwang
- Dosissteigerung
- Entzugserscheinungen wie etwa Schweißausbrüche, Zittern, innere Unruhe
- Depressionen

Medienabhängigkeit – Computersucht, Onlinesucht, Computerspielsucht

Die exzessive Nutzung von Medien kann zu einer Abhängigkeit führen, bei der – ähnlich des Konsums von Substanzen – die Veränderung körpereigener biochemischer Prozesse durch wiederholte und exzessive Nutzung moderner Medien ausgelöst wird. Dies führt zu einer Dosissteigerung, zu einem Toleranzverhalten und schließlich zum Kontrollverlust. Was anfänglich als stressreduzierend und angenehm wahrgenommen wurde, wird zur Falle.
Der Wissenschaftsautor und promovierte Biophysiker Stefan Klein sieht daher unser Gehirn als Zielscheibe von Suchtmitteln:

> „Buchstäblich alles, was Freude macht, eignet sich als Gegenstand einer Abhängigkeit. Im Belohnungssystem kommt es nicht darauf an, ob Dopaminstöße chemisch durch eine Zigarette ausgelöst werden oder von klingelndem Geld, das ein Spielautomat ausspuckt. Hat man die Erfahrung, dass auf die Geräusche eines einarmigen Banditen Gewinne folgen, nur oft genug wiederholt, dann entsteht im Kopf eine Verknüpfung von der Art, wie sie bei Kettenrauchern zwischen Streichholz zischen und Nikotinzufuhr herrscht. Das Gehirn lässt sich auf jeden starken Reiz programmieren: Nach Casinos oder Triumphen bei Onlinespielen kann ein unstillbares Verlangen entstehen, nach Nahrung, nach Shopping, nach Sex."
>
> Stefan Klein, Zielscheibe Gehirn: Wie Sucht funktioniert.
> http://www.stern.de/wissen/mensch/zielscheibe-gehirn-wie-sucht-funktioniert-608293.html
> Erscheinungsdatum: 20. Januar 2008

Das Gehirn lässt sich auf starke Reize „programmieren"

Als bedenkenswert und dazu geeignet Suchtpotenzial auszulösen werden die immer ausgefeilteren Belohnungssysteme der Spiele gesehen, die Prestigegewinn in der Spielercommunity versprechen und einbringen; das Zusammenspielen in der Gilde kann einen Gruppenzwang auslösen und eine lange Verweildauer erfordern; die grafisch realistischen virtuellen neuen Welten und Spielfiguren könnten Ausweichverhalten vor Problemen fördern.
2 bis 7 Prozent aller regelmäßigen Internetnutzerinnen und -nutzer haben einen problematischen bis pathologischen Umgang damit entwickelt – überwiegend männliche Jugendliche und junge Erwachsene, so die Bundeszentrale für gesundheitliche Aufklärung.

Medienkompetenz und Grenzen sind gefragt

Um die Entwicklung der neuen Medien und deren Auswirkungen auf Kinder und Jugendliche verstehen und bewerten zu können, ist Medienkompetenz nötig. Und genau hier liegt das Problem: Viele Eltern und auch Lehrer stehen den virtuellen Welten, deren Möglichkeiten, Formen und Chancen fremd oder unsicher gegenüber. Sie haben damit einfach zu wenig Erfahrung und nutzen die Möglichkeiten der neuen Medien anders und mit anderen Schwerpunkten als Kinder und Jugendliche. Viele Eltern nehmen die Mediennutzung ihrer Kinder gar nicht zu Kenntnis oder sie reagieren überbesorgt und mit Unverständnis – oder gar nicht, wenn ein Eingreifen und Grenzen setzen nötig wäre.

Eine Abhängigkeit entsteht immer aus einer Wechselwirkung zwischen der Persönlichkeit des Spielers und den Eigenschaften des Computerspiels. Deshalb sind Kenntnisse und Erfahrungen wichtig, um eine beginnende Abhängigkeit oder eine kritische Nutzung bewerten zu können. Dabei dürfen auch die positiven Möglichkeiten der neuen Medien nicht außer Acht gelassen werden:

- Kommunizieren (E-Mailen, Chatten, SMSen, Foren, Blogs),
- Informieren (Internet, Plattformen, Blog)
- Spielen und Unterhalten (Playstation, Video, Handy, Computer und Online-Spiel),
- Lernen (Edu- und Infotainment)
- Ausprobieren komplexer Strategielösungen
- Online-Einkaufsmöglichkeiten u. v. m.

Virtuelle Welten können auch persönlichkeitsfördernd sein, sie können zum Entspannen und Genießen beitragen. So ist es nicht verwunderlich, dass die Dynamik im Bereich der Computerspiele, insbesondere bei deren Genres Abenteuer & Rollenspiele, Simulation und Strategie nicht nur Jugendliche faszinieren.

Massen-Mehrspieler-Online-Rollenspiele (Massively Multiplayer Online Role-Playing Game – MMORPG) wie „World of Warcraft" sind interaktiv und lassen die Spiele in der Gruppe (oder der Gilde) Abenteuer bewältigen, sie fördern bei vernünftiger Nutzung auch soziale Kontakte.

Letztendlich ist der Prüfstein „was ist zu viel, was ist dienlich, ja fördernd – und was ist Flucht" eine gute Orientierung im Einzelfall: Ist das exzessive Spielen am Computer bereits ein Schritt in die Flucht vor den Nöten und Sorgen des Alltags, eine angewöhnte Verhaltensweise, die nicht mehr der Befriedigung der ursprünglichen positiven Bedürfnisse dienlich ist? Werden Freunde und andere wichtige Beschäftigungen und Kontakte vernachlässigt?

Die Bundeszentrale für gesundheitliche Aufklärung (BZgA) hat einen Elternratgeber zum richtigen Umgang mit Computerspielen und Internet herausgegeben: **Online sein mit Maß und Spaß.**

Er enthält alltagspraktische Hinweise für Eltern (und andere Interessierte) sowie grundlegende Informationen zu Computerspielen und sozialen Netzwerken und deren Gefahren. „Auch wenn sich Jugendliche in diesem Alter nicht mehr kontrollieren lassen wollen, ist es wichtig, feste Vereinbarungen über die Nutzung von Computer und Internet zu treffen", sagt Prof. Dr. Elisabeth Pott, Direktorin der Bundeszentrale für gesundheitliche Aufklärung. „Dazu zählen auch feste Regeln darüber, wie lange die Jugendlichen täglich online sein und Computerspiele spielen dürfen. Wichtig ist es, solche Vereinbarungen gemeinsam zu besprechen und anschließend konsequent umzusetzen. So verhelfen Eltern ihren Kindern zu einem selbstverantwortlichen Umgang mit dem Internet." Beratungs- und Hilfseinrichtungen sind ebenfalls Teil der Broschüre.

Die Broschüre kann kostenlos unter folgender Adresse bestellt werden:
Bundeszentrale für gesundheitliche Aufklärung, 51101 Köln, Fax: 02 21 - 8 99 22 57
E-Mail: order@bzga.de, www.bzga.de. Außerdem steht sie zum Download unter www.bzga.de/infomaterialien/suchtvorbeugung bereit.

In Internetforen finden sich kontroverse Beiträge zu Online-Computerspielen, insbesondere zu „World of Warcraft" (WoW). Die Meinungen gehen dabei weit auseinander – sie reichen von „fantastisches Spiel" bis hin zu „gefährlich, macht abhängig", verzweifelte Aussagen von Eltern (extreme Co-Abhängigkeit!) und Jugendlichen über ihre Abhängigkeit machen betroffen.

Gudrun Passarge titulierte in der „Süddeutsche Zeitung" am 8.6.2011 einen Beitrag zu Online-Rollenspielen mit „Heroin aus der Steckdose"
http://www.sueddeutsche.de/muenchen/online-rollenspiele-heroin-aus-der-steckdose-1.1106379

Spielen, spielen, spielen ... Wenn der Computer süchtig macht

Reportage/Dokumentation 43:15 Minuten, NDR
2008 strahlte das Erste Programm (ARD) eine Reportage über Spielsucht am Computer aus, die Aufsehen erregte. Diese steht in der ARD-Mediathek online zur Verfügung: (Stand: 27.7.2011): http://mediathek.daserste.de/sendungen_a-z/799280_reportage---dokumentation/843812_spielen--spielen--spielen----wenn-der-computer-s-cht

1. In Browser die Mediathek aufrufen: http://mediathek.daserste.de/
2. In die Suchzeile eingeben: spielen, spielen, spielen
3. Den Beitrag in der Ergebnisliste auswählen

In ihrer Reportage setzen sich die Autoren mit dem Phänomen Computerspielsucht auseinander. Dazu haben sie Betroffene befragt und begleitet. Fachleute äußern sich zur Computerspielsucht und der Frage, ob und wodurch insbesondere Online-Computerspiele wie „World of Warcraft" zu einer Abhängigkeit führen können.
Am Beispiel von Marc-Oliver führt die Dokumentation in die Problematik „Sucht nach Computerspielen" ein: Marc kannte nur noch einen Lebensmittelpunkt: das Spielen an seinem Computer. Besonders angetan hat es ihm das Online-Rollenspiel „World oft Warcraft" (WoW). Sechs Stunden bewegte er sich täglich im Online-Rollenspiel, am Wochenende auch gerne ganze Nächte. Seine Freunde trifft er meist nur noch im Internet, wenn sie im Team unterwegs in ihrer Gilde online spielen. Wegen seiner Spielsucht hat Marc-Oliver das Gymnasium abgebrochen und nur den Hauptschulabschluss geschafft, er begann eine Kochlehre.
Die Dokumentation zeigt, wie seine Mutter ihn vom Spielen abbringen will, was meist im Streit endet, da ihr Sohn aggressiv reagiert. Die Eltern sind co-abhängig und versuchen alles, „um ihn vom Bildschirm wegzuholen. Wir haben mit ihm über die Spiele gesprochen, haben gedroht und den Computer schließlich abgeschaltet." Genützt hat es lange Zeit nichts, aber das Familienleben extrem belastet.
Das Autorenteam Sonia Mayr, Anja Reschke und Henning Rütten haben Marc-Oliver und andere Spielsüchtige über ein Jahr lang begleitet. Immer mehr Jugendliche und Erwachsene entwickeln eine Computerspielsucht, geraten in den Sog der virtuellen Welten und zeigen Symptome einer Abhängigkeit: Das Aussehen, die Körperpflege, Familie und Freunde werden vernachlässigt, Schule wird unwichtig, die berufliche Existenz wird gefährdet. Fehlt das Spiel, zeigen sich Entzugserscheinungen. Betroffene verlieren ihre Freiheit in den virtuellen Welten und verwahrlosen. Bis zu zehn Prozent aller Spieler sollen laut Studien suchtgefährdet sein. Der Suchtexperte Dr. Oliver Bilke von den Vivantes Klinken Berlin berichtet von dramatischen Erlebnissen mit Spielsüchtigen, von der Co-Abhängigkeit der Eltern, wenn diese versuchen, ihre Kinder vom Spielen abzubringen.
Er beschäftigt sich auch mit der Frage, ob die Computerspiele die Sucht auslösen oder vor allem Menschen mit psychischen Problemen betroffen sind, ob die Medienabhängigkeit somit andere Störungen verschleiert.
Christine und Christoph Hirte sehen das anders: Für sie ist das Computerspiel verantwortlich. Sie haben das Selbsthilfeportal www.rollenspielsucht.de – als Initiative betroffener Eltern gegründet, weil sie ihren Sohn, wie sie selbst sagen „ans Internet verloren haben". Ihr Sohn ist computerspielsüchtig und hat den Kontakt zur Familie vollständig abgebrochen.
Experten der Uniklinik Aachen untersuchen die Reaktionen des Gehirns von Testpersonen von Computerspielen. Der Kernspintomograph macht die Beeinflussung des Gehirns sichtbar: Es wird ungeheuer aktiviert, mehr als durch das Fernsehen. Die Probanden reagieren stark emotional. Sie wollen Erfolg haben. Bei Verlusten wird das Belohnungssystem des Gehirns blockiert, die Glücksbotenstoffe werden nicht mehr ausgeschüttet. Diese Hemmung versucht der „Verlierer" zu überwinden werden, daher muss weitergespielt werden. Das Computerspiel übernimmt die Steuerung über das Verhalten.
Online-Rollenspiele begeistern und aktivieren das Gehirn so stark, dass dies zu einem Suchtverhalten führen kann. Der Mechanismus der Erkrankung als Übergang von der Freizeitbeschäftigung zum einzigen Lebensinhalt, zur süchtigen Abhängigkeit, ist fließend.

Die Erfolge im Computerspiel und damit verbundene Glücksgefühle können für Menschen zur Droge werden. Das simple, aber effektive Belohnungssystem „Wer gewinnt, kommt weiter“ regt das Belohnungszentrum im Gehirn an, das Glückshormon Dopamin auszuschütten. Übermächtige Gegner können in der Spielgilde besiegt werden. Je mehr man mit seiner Figur spielt, umso stärker kann diese werden. Angesprochen wird auch die bei Online-Rollenspielen wie „World of Warcraft" problematische Gruppendynamik, da innerhalb einer Gilde gespielt wird. Um Erfolge zu haben, braucht man ein Team, eine Gilde. „World of Warcraft“ betonen andere dagegen, ist ein fantastisches Spiel, das Spaß mache, das die Gemeinschaft fördere, da das Problemlösen in einer Gemeinschaft erfolge. Seine brillante Machart und Faszination sei nicht verantwortlich für eine Spielsucht.
Nicht die Spieleindustrie sei verantwortlich, sondern wie Jugendliche und Spieler damit umgingen. Das Geschäft mit den Spielen ist inzwischen ertragreicher als die gesamte Filmindustrie. 40 Milliarden setzt die Branche im Jahr weltweit um. In den nächsten Jahren wird eine Verdoppelung der Umsätze erwartet. Das wäre dann ein höherer Umsatz als die Film- und Musikindustrie zusammen.
Die Dokumentation schildert auch die mühsamen Versuche Betroffener, sich aus ihrer Spielsucht zu befreien, sich zu „retten“, der „ständigen Verlockung“ zu widerstehen, stark zu sein. Marc-Oliver hat es ein Stück weit geschafft, er verlässt sein Spiel und kocht für seine Familie. Sein reales Leben wird ihm langsam wichtiger, er spielt während seiner Kochausbildung nur noch in seiner Freizeit.
Hirtes hatten bis zum Zeitpunkt der Dokumentation über ein Jahr nichts mehr von ihrem ältesten Sohn gehört. Er hatte den Kontakt zu seiner Familie abgebrochen, selbst auf die Post und Bilder seiner jüngeren Brüder reagierte er nicht. In 2009, nach mehr als zwei Jahren, hat sich ihr Sohn aus eigener Kraft aus seiner Abhängigkeit und Isolation befreit, er hat ins Leben zurückgefunden und Kontakt zu seiner Familie aufgenommen.
Christine und Christoph Hirte haben das Selbsthilfeportal www.rollenspielsucht.de gegründet, weil sie ihren Sohn, wie sie selbst sagen, „ans Internet verloren hatten“ und anderen Betroffenen und deren Eltern helfen möchten.

Zwei Buchempfehlungen

Wolfgang Bergmann/Gerald Hüther: Computersüchtig: Kinder im Sog der modernen Medien
Beltz Verlag, Weinheim und Basel. 3. Auflage 2010. 164 Seiten.
Der Kindertherapeut Wolfgang Bergmann und der Hirnforscher Gerald Hüther beschäftigen sich mit den psychischen Auswirkungen der Online-Praxis von Kindern und Jugendlichen und zeigen, dass die Entwicklung ihres Gehirns über das Belohnungssystem negativ beeinflusst werden kann.
Die Autoren tragen dazu bei, verstehen zu lernen, warum sich Jugendliche stunden-, ja tagelang im Netz aufhalten, und was ihnen fehlt. Erst dann können Eltern verstehen und angemessen reagieren.
Das Buch ist auch für Unterrichtende empfehlenswert, auch wenn der Erklärungsansatz der Neuen Medien teilweise zu kulturpessimistisch wirkt.

Farke, Gabriele: Gefangen im Netz? Onlinesucht: Chats, Onlinespiele, Cybersex
Verlag Hans Huber Hogrefe AG, Bern 2011.

Gabriele Farke ist Bundesvorsitzende des HSO 2007 e.V. (Hilfe zur Selbsthilfe für Onlinesüchtige und deren Angehörige e.V.), seit 1999 Expertin zum Thema Online-Sucht: www.hso2007.de HSO kooperiert mit www.onlinesucht.de

Der Deutsche Kulturrat sprach sich 2008 für die Anerkennung guter Computerspiele als Kulturgut aus:

> „Der Deutsche Kulturrat ist der Ansicht, dass der kritische und kreative Einsatz von Computerspielen ein Bestandteil der kulturellen Bildung sein sollte."

Zur Begründung wurde u. a. aufgeführt:

> Neue Medien gehören zur Alltagskultur unserer Gesellschaft. Der Umgang mit den vielfältigen Möglichkeiten des Internets wie die Kommunikation z. B. in Chaträumen, über Weblogs, das Podcasting, mobile Kommunikation mit Handys, digitaler Rundfunk und das Spielen interaktiver Computerspiele ist mittlerweile ein fester Bestandteil unserer Alltagskultur. Auch für Erwachsene, die das Internet und den Computer bislang eher als Arbeitsinstrument genutzt haben, bekommt der Aspekt des Spielens, der Kommunikation bis hin zur krea-

tiven Nutzung eine immer größere Bedeutung. Neben dem Wissenserwerb und dem Selbstausdruck dienen diese Medien demnach auch der sozialen Interaktion und gewähren Möglichkeiten der gesellschaftlichen und kulturellen Teilhabe."

http://www.kulturrat.de/detail.php?detail=1285&rubrik=4 (Aufruf: 22.7.2011)

Die Bundesregierung vergibt im Jahre 2011 bereits zum dritten Mal den Deutschen Computerspielpreis.

Computerspiele ausgezeichnet Mittwoch, 30.3.2011

Kulturstaatsminister Bernd Neumann hat in München den Deutschen Computerspielpreis 2011 verliehen. Der Hauptpreis ging an das Jugendspiel „A New Beginning", das in zwei Kategorien prämiert wurde. [...] Glücklicher Hauptgewinner des Abends war die Hamburger Daedalic Entertainment GmbH. Sie konnte für „A New Beginning" nicht nur eine Auszeichnung für das beste Jugendspiel, sondern auch den Hauptpreis als „Bestes Deutsches Spiel" entgegennehmen. „A New Beginning" halte die Spannung von Anfang bis zum Schluss und begeistere mit sorgfältig vertonten Dialogen und atmosphärischer Musik, lobte die Jury. „Ohne pädagogischen Zeigefinger wird der Spieler mit den großen Zukunftsherausforderungen im Hinblick auf das Thema Energie konfrontiert und bestens unterhalten."

http://www.bundesregierung.de/Webs/Breg/DE/Bundesregierung/BeauftragterfuerKulturundMedien/Medienpolitik/DeutscherComputerspielpreis/deutscher-computerspielpreis.html

In die Kategorie „Bestes Jugendspiel" fallen Spiele, die sich vornehmlich an Jugendliche ab 12 Jahren richten und eine Altersfreigabe der „Unterhaltungssoftware Selbstkontrolle (USK)" von höchstens 16 Jahren aufweisen. Dabei handelt es sich in der Regel um folgende Genres: Sport, Action-Adventure, Rollen, Strategie, Genremix. Das Preisgeld beträgt 75 000 Euro.

www

Auf den Seiten der USK werden die verschiedenen Spiel-Genres vorgestellt: http://www.usk.de/pruefverfahren/genres/ Die USK ist die freiwillige Selbstkontrolle der Computerspielewirtschaft und damit die verantwortliche Stelle für die Prüfung von Computerspielen in Deutschland.

Browsergames boomen

Browsergames sind Spiele, die man online ohne Kosten spielen kann. Es muss keine Software gekauft werden. Kosten fallen dann an, wenn „Rohstoffe" für das Spiel eingekauft werden. Die Umsätze in Deutschland stiegen von 53 Millionen Euro im Jahr 2009 auf 73 Millionen Euro in 2010. In einem Beitrag des Westdeutschen Rundfunks (wdr) in der Sendung „markt" vom Montag, 30. Mai 2011, wird ein Spieler vorgestellt, der die Möglichkeit nutzte, „Rohstoffe" einzukaufen, um das Spiel zu erweitern und dadurch Erfolge zu erzielen. Mit drastischen Folgen: 18 Stunden spielte er oft durchgehend und gab 5000 Euro aus, um seine „Schlachten" zu gewinnen.
Die Redaktion ging daher auch der Frage nach, ob dieses Suchtverhalten vom Spielanbieter beabsichtigt ist.

Der Filmbeitrag steht online zur Verfügung: (Aufruf: 22.7.2011)
http://www.wdr.de/tv/markt/sendungsbeitraege/2011/0530/04_browsergames.jsp

World of Warcraft (dt. *Welt der Kriegskunst;* meist WoW abgekürzt) ist ein Massen-Mehrspieler-Online-Rollenspiel (*Massively Multiplayer Online Role-Playing Game* – MMORPG) von Blizzard Entertainment. Das Spiel wurde am 23. November 2004, zum 10. Jahrestag der Warcraft-Franchise veröffentlicht. Es ist, wie drei weitere Spiele, im Warcraft-Fantasy-Universum angesiedelt, welches zuerst 1994 mit *Warcraft: Orcs & Humans* eingeführt wurde. *World of Warcraft* knüpft an die Geschichte des 2003 erschienenen Titels *Warcraft III: The Frozen Throne* an.
Das Spiel ist mit mehr als einer Milliarde Dollar Umsatz jährlich eines der lukrativsten Unterhaltungsmedien. Wie bei manchen MMORPGs üblich, muss für *World of Warcraft* ein monatliches Entgelt entrichtet werden. Das Spiel zählte Oktober 2010 mehr als 12 Millionen Abonnenten und hält den Guinness-Weltrekord für das beliebteste Multiplayer-Online-Rollenspiel.
Im Januar 2007 erschien die erste Erweiterung *The Burning Crusade.* Ein halbes Jahr später kündigte Blizzard die zweite Erweiterung *Wrath of the Lich King* an, die am 13. November 2008 erschienen ist. *Wrath of the Lich King* wurde am ersten Tag nach der Veröffentlichung über 2,8 Millionen Mal verkauft und brach damit den Verkaufsrekord von *The Burning Crusade,* der bei 2,4 Millionen verkauften Exemplaren lag. Am 21. August 2009 wurde die dritte Erweiterung Cataclysm angekündigt, welche am 7. Dezember 2010 veröffentlicht wurde.

Quelle: http://de.wikipedia.org/wiki/World_of_Warcraft (Aufruf: 22.7.2011)

Von einer Abhängigkeit Betroffene brauchen professionelle Hilfe

Das Schülerheft

Das Rahmenthema „Suchtverhalten – Abhängigkeiten im Alltag“ ist sehr breit gefächert und betrifft natürlich Erwachsene gleichermaßen wie Jugendliche. Daher gilt es zunächst herauszufiltern, wo genau die Ansatzpunkte für die Erarbeitung mit Jugendlichen liegen. Des Weiteren besteht die Herausforderung darin, sich nicht auf die Bereiche zu konzentrieren, die an Sucht im Speziellen bzw. an die von Sucht unmittelbar Betroffenen gekoppelt sind.
Hauptaugenmerk muss auch nicht in erster Linie auf die wissenschaftlich fundierte Auseinandersetzung mit einzelnen Suchtmitteln oder Suchtformen gelegt werden, sondern die Sensibilisierung für bestimmte Verhaltensweisen, die jeder von uns mehr oder weniger auffällig an den Tag legt, und die eine mögliche Suchtgefährdung andeuten. Diese sollen in den Mittelpunkt gerückt werden. Weiterhin ist herauszuarbeiten, wo genau im Alltag der Jugendlichen solche Suchtverhalten zu finden sind. Hier unterscheidet sich der Alltag von Jugendlichen enorm von unserem eigenen als Erwachsenen. Dort werden wir auch auf Äußerungen und Einstellungen treffen, die für uns in gewissem Maße unverständlich sein können, aber dennoch die Lebensrealität unserer Schüler widerspiegelen. Wenn man Jugendliche dafür sensibilisieren will, sich selbstkritisch in ihrem Alltag zu beobachten, sich aus ihrer Perspektive mit dem Phänomen Suchtverhalten objektiv und ehrlich auseinanderzusetzen und darüber nachzudenken, inwiefern man persönlich davon betroffen sein könnte, dann führt der einzige Weg über die Anknüpfung an die konkrete Lebenswelt der Jugendlichen.
Die fiktive Schülerzeitungsredaktion „SchuRed“ mit ihren vier Redakteurinnen und Redakteuren leitet die Schülerinnen und Schüler durch das Schülerheft. Ihr Vorhaben, sich dem Thema in einer Ausgabe zu widmen, könnte auch als Anregung für die Schülerzeitungsredaktion oder ein Themenheft der Klasse genutzt werden. Die Begleitfiguren tauchen an den Stellen auf, wo sie Denkanstöße geben, Fragen stellen oder auch mögliche Gedankengänge von Jugendlichen nachstellen. Ihr Identifikationscharakter kann einen guten Beitrag zur Motivation der Schüler leisten, sich zu öffnen, damit sie auch ihre Erfahrungen, Ängste und Fragen mit einbringen.

Eine gewisse Brisanz beinhaltet das Thema auch: Es ist durchaus denkbar, dass die in den Materialien angesprochenen Probleme auf einige Schüler/-innen zutreffen. Grundsätzlich sollte natürlich auf Fragen der Schüler konkret eingegangen werden, individuelle Probleme aber nicht vor der Klasse angesprochen werden.
Gemeinsam mit den Jugendlichen soll ein Weg gefunden werden, sich des Themas objektiv anzunehmen, Gefahren im eigenen Alltag zu entdecken und vor allem Möglichkeiten zu erkunden, sich gegen die Versuchungen unserer Zeit zu wappnen.
Viele der schriftlichen Auseinandersetzungen mit dem Thema, die detaillierten Auswertungen von Texten und Informationsmaterial auch die Schreibaufgaben werden von den Schülern in ihren Fachhefter geschrieben. Im Schülerheft selbst ist hierfür nicht genügend Platz, das würde den Rahmen auch sprengen. Zudem soll Schülern auch bewusst werden, dass argumentative Texte nicht zu kurz ausfallen dürfen, um ihre Wirkung zu erzielen. Im Schülerheft entsteht aber in der Folge der Erarbeitung des Themas eine umfassende Orientierungshilfe und Materialsammlung, die bereits Wertungen und Positionen des Einzelnen enthalten.

Einstieg in die Thematik

SH 2/3

Auf den ersten Blick assoziiert man mit der Themenformulierung, dass es darum geht herauszufinden, wie sich Süchtige, also Abhängige, verhalten. In Wirklichkeit geht es aber darum zu erkennen, dass Suchtverhalten lange vor einer Abhängigkeit beginnt und somit in der einen oder anderen Ausprägung bereits bei sich selbst oder im Umfeld zu finden ist.
Die Doppelseite gibt anhand der Fotos und Grafiken Denkanstöße, welche Aspekte zur Thematik gehören und die Möglichkeit, sich bereits mit einer kleinen Schülergruppe auszutauschen. Im Ergebnis dieses Austausches wird klar werden, dass vielerlei Ansatzpunkte innerhalb dieser Thematik miteinander verwoben und dass sie unmittelbar im Alltag eines jeden Jugendlichen präsent sind.

- Verbindung zwischen Spaß haben und Alkohol
- Selbstverständlichkeit, am Tag Alkohol zu trinken, um den Tag zu genießen
- niemand hat ein alkoholfreies Getränk in der Hand

- Verlockung von Industrie und Handel, zu konsumieren (zu kaufen, etwas unbedingt haben zu müssen)
- Schaufensterpuppen geben einen Körper vor, der nicht real ist – die Gefahr des Nacheiferns besteht

- Hinweis auf Gruppenzwang (mitmachen, um dazuzugehören)
- Ausgrenzung/Isolation sowohl als Ursache als auch als Folge von Suchtverhalten (Sucht)

- Konsumieren legaler Drogen in der Öffentlichkeit (Zigaretten und Alkohol)
- sehr junge Menschen greifen schon zu legalen Drogen
- Jugendschutz – Abgabe von Alkohol an Jugendliche ist zu hinterfragen

- Shisha-Pfeifen – viele Jugendliche rauchen diese, weil sie meinen, dieser Nikotinkonsum sei „gesünder". Ein großer Irrtum!

- Hinweis auf Leistungsdruck, Prüfungsstress
- Aufputschmittel, um alles zu schaffen
- aufgeben und sich gehen lassen
- Problem nicht lösen, sondern ausweichen

- viel Zeit am Computer verbringen
- auch bei schönem Wetter nicht rausgehen
- Freunde werden vernachlässigt, Gesundheit leidet

- Verlockung, ohne Anstrengung viel Geld zu bekommen durch irreführende Versprechungen und Werbung
- große Gefährdung, spielsüchtig zu werden und viel Geld zu verlieren
- Zutritt zu solchen Etablissements erst ab 18 Jahren

- Verlockungen durch Süßes (nicht nur in der Weihnachtszeit)
- Werbung suggeriert die Befriedigung von Grundbedürfnissen (z. B. Glücklichsein durch Essen)
- Körper gewöhnt sich an den hohen Zuckerspiegel und möchte immer mehr
- Gefahr von Esssucht/Fettsucht

- Zigaretten in allen Lebenslagen
- kann beim Autofahren ablenken
- Zeichen dafür, dass ein Nikotinabhängiger nicht warten kann und nebenbei raucht – also auf keinen Fall mehr genießt

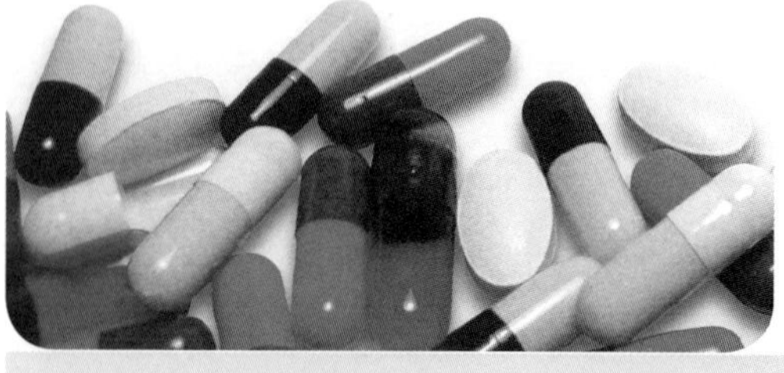

- für alles und gegen alles gibt es Pillen
- ersetzen scheinbar eine gesunde Lebensweise
- können abhängig machen
- auch Jugendliche nehmen Medikamente

Junge Leute feiern: © Kzenon - Fotolia.com
Mädchen am Schaufenster: Brigitte Rapp
Gruppe Figuren: © Vitamin_B - Fotolia.com
Jugendliche rauchen: © gavioneta - Fotolia.com
Shisha-Pfeifen: © G. Krapp
Junge Frau, gestresst: © Gernot Krautberger - Fotolia.com
Geldspielautomat: © Yantra - Fotolia.com
Gebäck: © Andre Bonn - Fotolia.com
Zigarettenwerbung: © Deklofenak - Fotolia.com

Themenformulierung:

- **Ist Suchtverhalten nur bei Abhängigen zu finden?**
- **Wann ist man abhängig?**
- **Wovon kann man abhängig werden?**
- **Bin ich schon abhängig, wenn ich ab und an mal was trinke?**
- **Kann jeder von uns abhängig werden?**
- **Sind all diese Probleme gleich schlimm?**
- **Wie kann man es verhindern, abhängig zu werden?**
- **Kenne ich solche Verhaltensweisen auch von mir selbst?**

Einige dieser Fragestellungen können auch als Problemfragen für Argumentationen genutzt werden.

! *Tipp:* Geben Sie doch diese Fragestellungen (vor allem diejenigen, die ihre Schüler selbst formuliert haben) an Ihre Schüler weiter. Lassen Sie Position beziehen und begründen. Vielleicht kann hierfür eine Pinnwand genutzt werden.

Am Ende der Arbeit am Thema können Sie die gleichen Fragen noch einmal ausgeben. Die Schüler werden dann zum einen viel detailliertere Begründungen geben und wahrscheinlich auch ihre Positionen teilweise verändern können. Dies wäre ein sehr einprägender Effekt für Schüler, der ihnen zeigt, dass man mit Wissen und Nachdenken viel weiterkommt als mit dem Nachsprechen von gängigen Meinungen und dem Glauben an „Mythen" zum Thema Sucht.

Auswertung der Impulstexte

SH 4–13

SH 7

Impulstext 1: Birgit Schönberger – „Wenn mich jemand so sieht, dann sterbe ich"

Den Schülern ist die Arbeit mit Marginalspalten aus dem Unterricht bereits bekannt. Für diesen recht langen Text bietet es sich an, Schlüsselbegriffe zu markieren, angesprochene Einzelthemen am Rand zu notieren und eventuelle Fragen bzw. Zitate besonders herauszuheben.

1) Zu welchen Gesichtspunkten erhältst du nähere Informationen?

- Auslöser von Sucht
- seelische Auswirkungen
- Scham und Angst
- Abwehrstrategien
- Angehörige und Süchtige
- Wege aus der Sucht

Im Grunde finden sich alle angegebenen Gesichtspunkte im Text, aber einige werden eben nur genannt, ohne weiter darauf einzugehen. Die Aufgabe verlangt aber, nähere Informationen auszumachen. Hierdurch lässt sich auch die Struktur des Textes erkennen und gleichzeitig der Teufelskreis von Sucht und Scham nachvollziehen.

2) Welche Aussagen werden im Text zu den folgenden Schwerpunkten getroffen? Trage sie in der Tabelle zusammen, um dir ein Bild von diesen zentralen Begriffen in Bezug auf Sucht zu machen.

Begriffe	Aussagen aus dem Text
Sucht/Abhängigkeit	– eigene Unvollkommenheit verdecken – vertuschen und gleichzeitig entdeckt werden wollen – Druck und Ansprüchen anderer genügen zu müssen als eine Ursache – Gefühl, versagt zu haben, fordert höhere Dosis des Suchtmittels – Suchtmittel nicht mehr benötigt, um bestimmte Situation zu überspielen, sondern weil man abhängig ist
Suchtverhalten	– lügen – mit dem Suchtmittel Grenzen verdecken und „Unzulänglichkeiten" überspielen – Ausflüchte finden, um Verhalten zu legitimieren – Verdrängen der eigenen Schuld
Scham	– verdecken, verhüllen, verstecken, vermeiden – man möchte im Boden versinken – eines der stärksten menschlichen Gefühle (neben Angst) – weil man als Süchtiger Autonomie und Kontrolle über sich selbst verloren hat – kann zu Depressionen oder gar Selbstmord führen – eigene Schamgrenze zu überwinden, ist sehr schwer – schützt die eigene Intimität – aus Angst, nicht anerkannt zu sein, wie man ist
Betroffene – Mitbeteiligte	– Familie – eine Gruppe oder Team – Gesellschaft – Freunde – Arbeitskollegen (auch Chef)

3 a) Welche Süchte werden im Text angesprochen? Schreibe sie heraus.
3 b) Versuche, diese Suchtarten in zwei Gruppen einzuteilen. Suche dabei nach Gemeinsamkeiten und Unterschieden. Erläutere diese.

SH 8

Alkoholsucht, Drogensucht, Tablettensucht (Medikamentensucht) **= stoffgebundene Süchte**

Glücksspielsucht, Esssucht, Fernsehsucht **= stoffungebundene Süchte/Verhaltenssüchte**

Die eine Art ist an die Einnahme eines Stoffes gebunden, die andere bezieht sich auf ein Verhalten, das sich nicht mehr abstellen lässt, das einen Großteil der eigenen Zeit in Anspruch nimmt. Dabei rufen die stoffgebundenen Süchte psychische und physische Auswirkungen hervor, während die Verhaltenssüchte hauptsächlich Einfluss auf den psychischen Bereich haben.

SH 8

4) Im Text wird auf Seite 5 unten der Begriff „Paradox" in Bezug auf die Scham verwendet. Was ist damit gemeint? Erläutere die Verwendung dieses Begriffes.

Paradox: etwas, was einen Widerspruch in sich enthält; ein scheinbarer oder tatsächlicher unauflösbarer, unerwarteter Widerspruch.
Im Text ist der Widerspruch erläutert, den ein Süchtiger mit der Scham erlebt. Auf der einen Seite schützt ihn die Scham, auf der anderen Seite steht sie ihm im Weg, um aus seiner Sucht herauszukommen. Erst wenn ein Süchtiger seine Scham überwindet, was ihn natürlich bloßstellt und für ihn ein Eingestehen seiner Sucht bedeutet, kann er Hilfe bekommen, sein Verhalten reflektieren und ändern.

5 a) Untersuche die folgenden Statements mithilfe des Textes und entscheide, ob sie richtig oder falsch sind.

Nr.	Statement	falsch	richtig	Richtigstellung
1	Süchtige schämen sich ihrer Sucht und wollen auf keinen Fall beim Konsumieren des Suchtstoffes entdeckt werden.		x	
2	Wenn man abhängig von einem Suchtmittel ist, dann braucht man es nur, um eine bestimmte Situation / ein bestimmtes Defizit zu überspielen.	x		Die Überspielung eines Defizits oder einer Situation ist der Ausgangspunkt für Sucht. Ist man abhängig, braucht man das Suchtmittel, weil man abhängig davon ist (körperlich und/oder psychisch).
3	Der Ausweg aus einer Sucht führt nur über das Überwinden von Scham.		x	
4	Suchtpotenzial besteht, wenn man ein Bild von sich vermitteln will, mit dem man selbst leben kann.	x		Suchtpotenzial besteht, wenn man ein Bild von sich selbst vermitteln will, das den Ansprüchen anderer oder dem Ich-Ideal genügen muss.
5	Sucht ist die Angelegenheit eines jeden Einzelnen.	x		Die Entscheidung, ein Suchtmittel zu nehmen oder auch nicht, liegt natürlich bei jedem Einzelnen. Aber Sucht funktioniert nur in einem sozialen Gefüge, mit „Unterstützung" weiterer Personen oder Systeme.
6	Das Erkennen und Verstehen sowie das Annehmen der eigenen Grenzen wirken einer Suchtgefährdung entgegen.		x	

SH 9

6) Im Interview finden sich einige bildhafte Vergleiche und fast philosophische Statements. Wie verstehst du diese? Schreibe deine Ausdeutung auf.

- **Das „Ich-Ideal":** Das Ich-Ideal ist die Vorstellung von sich selbst, die zum einen geprägt ist von den eigenen Wünschen und Erwartungen an die Persönlichkeit und zum anderen von den Erwartungen der „anderen" an mich. Dabei können diese Fremderwartungen auch nur von einem selbst interpretiert werden. Dieses ideale Selbstbild kann enormen Druck verursachen, wenn man sich nicht ein Selbstbild erschafft, das sowohl realistisch ist, aber auch von einem selbst vermittelt werden kann.
- **Scham ist die Hüterin für unser Innerstes:** Scham schützt unsere Intimität. Das ist wichtig, denn kein Mensch kann oder sollte alles von sich preisgeben, das macht auch eine Persönlichkeit aus. Scham kann aber auch negative Folgen haben, wenn sie veranlasst, vor anderen alles zu verheimlichen, sodass auch keine Hilfe von außen in bestimmten Situationen mehr möglich ist. Demnach schützt uns die Scham, kann aber auch zum Risiko werden.

- **Lügen ist eine Form von sozialer Kompetenz:** In diesem Sinne wird Lügen als etwas Positives dargestellt, was es natürlich nicht ist. Im Sinne von „was man nicht weiß, macht einen nicht heiß" können „Notlügen" oder „nicht die ganze Wahrheit sagen" andere vor Verletzung schützen. Allerdings ist die Gefahr auch groß, sich selbst durch das Lügen etwas vorzumachen, was in jedem Fall früher oder später negative Auswirkungen auf einen selbst haben wird.
- **Die ganze Gesellschaft ist an der Sucht beteiligt:** Sucht wird in einschlägiger Literatur immer als gesellschaftliches Problem bezeichnet. Und da zur „Gesellschaft" nicht nur einzelne Menschen gehören, sondern auch Bräuche und Sitten, wirtschaftliche Strukturen und vieles mehr, wird deutlich, dass man die Sucht nicht losgelöst von gesellschaftlichen Bedingungen betrachten kann. Hierzu zählt auch, dass man sich scheinbar bei verschiedenen Anlässen bestimmten, zwar legalen, Suchtmitteln nicht entziehen kann, dass die Einstellung zu Suchtmitteln teils so verharmlosend ist, dass eine Gefahr scheinbar nicht gegeben ist, und dass das gesellschaftliche Umfeld entscheidend für ein Suchtverhalten oder dessen Verhinderung ist (z. B. in der Arbeitswelt, auf öffentlichen Veranstaltungen oder auch im Freundeskreis und dessen „Partykultur").
- **Schuld ist die Wächterin meiner Sozialfähigkeit:** Schuldgefühle sind Warnsignale, sie zeigen an, wann ein Verhalten bedenklich wird, wann die Möglichkeit besteht, dass man sich durch sein Verhalten selbst von der Gesellschaft ausgrenzt und wann man im Begriff ist, jemanden zu verletzten. Werden diese durch Schuldgefühle bedingten Warnsignale allerdings ignoriert, besteht die Gefahr, dass man soziale Beziehungen für immer zerstört.

7) Auch das folgende Bild findet im Text Beachtung. Erkläre dessen Bedeutung, achte dabei auf die einzelnen „Bild-Elemente".

Das Bild mit dem Fluss und den verfangenen Baumstämmen verdeutlicht, dass es im Leben des Betreffenden Hindernisse gibt, die ihn einschränken. Das kann die sozialen Kontakte, das Gefühlsleben und natürlich auch die Gesundheit betreffen. Die Baumstämme verdeutlichen Schwierigkeiten im Alltag, z. B. Leistungsdruck, Stress, Überforderung, Rückschläge. Manchmal sind diese einfach zu viel, demnach „stauen" sich Aufgaben und Probleme, sodass sie einen einschränken.

Es ist nicht nötig, Baumstamm (Problem Verhaltensweise) für Baumstamm zu lösen. Meistens genügt es, ein Problem (eine Verhaltensweise) zu ändern, sodass sich viele andere dadurch mitlösen.

Beispiel: Ein Mensch, der überängstlich ist, staut dadurch viele Probleme an. Traut er seiner Vertrauensperson an, die ihm hilft, sein Selbstbewusstsein zu stärken, lösen sich viele Probleme.

SH 10

8 a)

Teufelskreis von Sucht und Scham

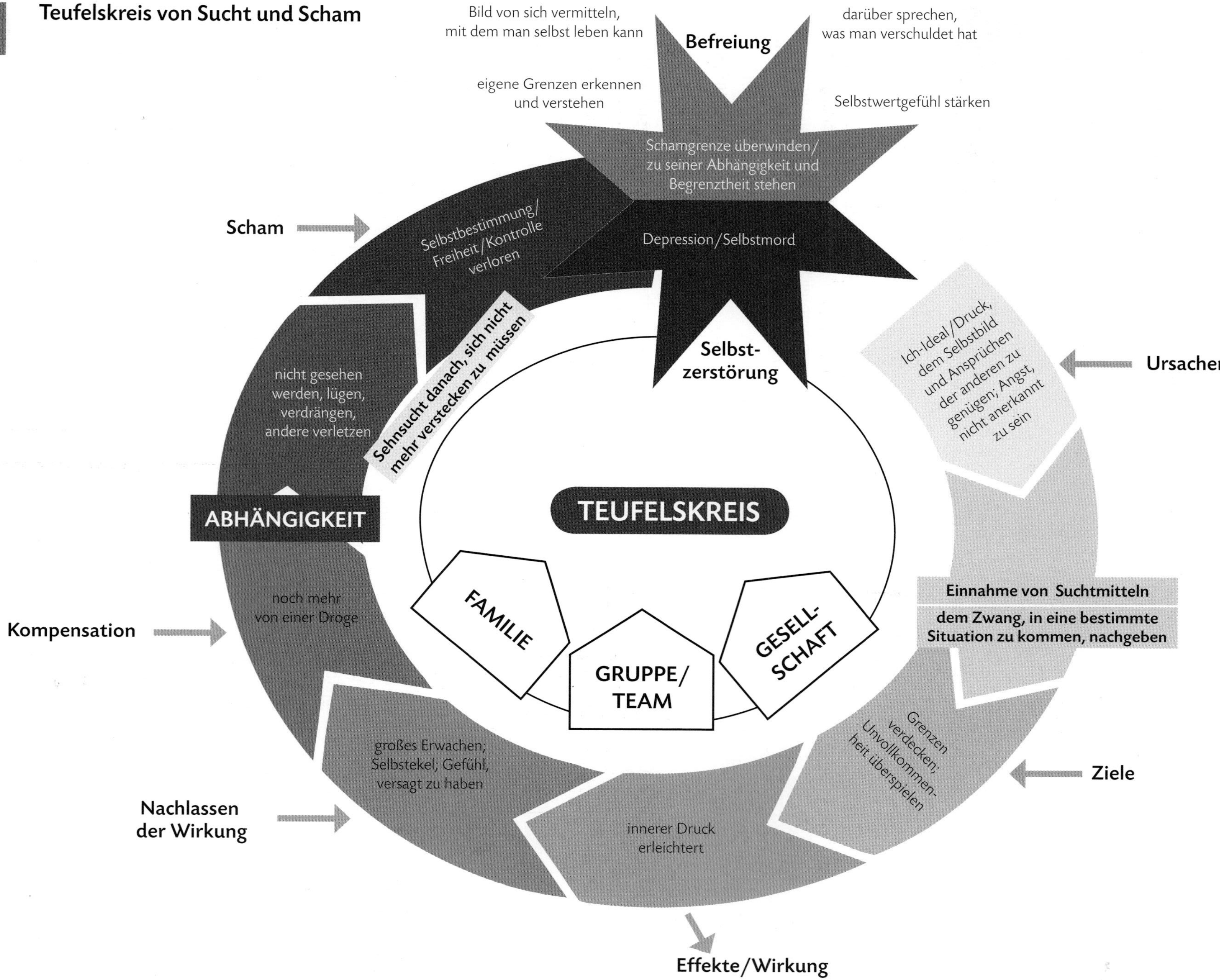

SH 10

8 b) Setze deine entstandene Grafik dann in Beziehung zum Titel des Interviews und gib mit deinen eigenen Worten wieder, wie eine solche Aussage zustande kommt: „Wenn mich jemand so sieht, dann sterbe ich".

„Wenn mich jemand so sieht, dann sterbe ich"

Suchtmittel geben für eine gewisse Zeit das Gefühl, eine bestimmte Situation im Leben entschärfen, harmonisieren zu können. Doch das ist ein Trugschluss. Es ist zunächst ein langer Weg dahin, zuzugeben und zu erkennen, dass das Suchtmittel das eigentliche Problem nicht beseitigt, sondern neue erzeugt hat. Natürlich schämt man sich dafür, das Falsche getan zu haben, so naiv gewesen zu sein, andere vor den Kopf gestoßen zu haben. Man schämt sich dafür, heimlich dem Suchtmittel zu frönen, weil man gar nicht mehr anders kann. Man schämt sich dafür, was es aus einem macht, wenn die Wirkung nachlässt. Die Scham erzeugt Angst, von anderen deswegen verspottet, verachtet zu werden, nicht mehr anerkannt zu werden für das, was man in Wirklichkeit ist. Die Angst vorm Ausgestoßensein kann größer werden als der Wille, die Sucht zu offenbaren und zu beenden. Aber „sterben" könnte man in beiden Situationen, wenn man die Scham überwindet und sein Suchtverhalten anerkennt oder wenn man die Scham nicht überwindet und keine Hilfe in Anspruch nimmt.

Impulstext 2: „Promille und Prozent – Die Wirkung des Alkohols auf den menschlichen Körper"

SH 11–12

Impulstext 2 bietet erste Ansatzpunkte, sich zum Thema Alkohol Basiswissen anzueignen. Die Erfahrung zeigt, dass Jugendliche oft Wissenslücken in diesem Bereich haben, aber keine genaue Kenntnis von Zusammensetzung alkoholischer Getränke und den Auswirkungen bei bestimmten Alkoholmengen.

2) Wo in unserem Körper wirkt sich der Alkohol am gravierendsten aus? Kreuze an.

- Im Gehirn, denn dort befindet sich die Steuerzentrale für unser Leben. Leider sind die Auswirkungen im Gehirn direkt nicht zu sehen, aber der Schaden, den Alkohol anrichtet, ist dort am schwerwiegendsten und nachhaltigsten.

3) Beschreibe den Weg des Alkohols bis zu seiner Wirkung.

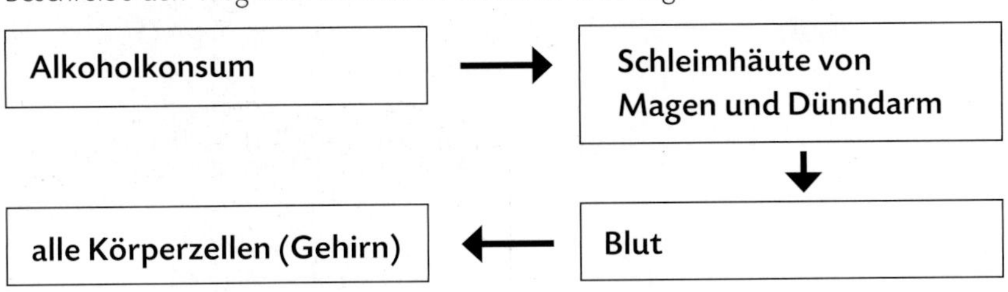

4) Der Text enthält eine Menge Angaben über die Auswirkungen von Alkohol auf unseren Körper. Diese unterscheiden sich aber hinsichtlich der Blutalkoholkonzentration. Überprüfe die folgenden Aussagen auf ihre Richtigkeit.

Aussage	richtig	falsch
Jeglicher Alkoholkonsum geht mit Orientierungsstörungen einher.		x
Schon 0,2 Promille im Blut schwächen die Sinneswahrnehmungen.	x	
Bei einer akuten Alkoholvergiftung kann man nicht mehr laufen.		x (im Normalfall)
Die höchste Blutalkoholkonzentration liegt bei 3,5 Promille.		x
Die höchste Blutalkoholkonzentration ist unmittelbar nach dem Trinken erreicht.		x
Viel Essen hilft, die Aufnahme des Alkohols im Blut zu verzögern.		x (nur geringfügig)
Alkohol greift die Nervenzellen an.	x	
Ab 2,5 Promille kommt es zur Störung des Gedächtnisses und der Orientierung.	x	
Bereits geringe Mengen Alkohol führen zur Störung des Abbaus von Neurotransmittern.	x	

SH 13

5) Definiere die folgenden Begriffe, die du für die Erläuterung der Auswirkungen von Alkohol auf den menschlichen Körper benötigst. Verwende dazu eine geeignete Quelle.

Promille bezeichnet das Mengenverhältnis zwischen dem aufgenommenen reinen Alkohol (Alkoholmenge) und der gesamten Körperflüssigkeit, die durch Geschlecht und Körpergewicht beeinflusst wird (= Blutalkoholkonzentration).

Neurotransmitter sind biochemische Stoffe, welche elektrische Reize von einer Nervenzelle zu einer anderen Nervenzelle oder Zelle weitergeben, verstärken oder modulieren.

Die **Alkoholvergiftung** ist eine Vergiftung des menschlichen Körpers durch Ethanol, welche das Bewusstsein und andere Körperfunktionen schwer beeinträchtigt. Sie kann im Extremfall zum Tod durch Atemstillstand und/oder Kreislaufversagen führen. Vergiftungserscheinungen treten bereits ab 1 Promille auf, akut wird es ab 2,5 Promille, was allerdings auch von Mensch zu Mensch unterschiedlich ist.

6) Körperliche Auswirkungen des Alkoholkonsums

- ab 0,2 Promille
- ab 0,5 Promille
- ab 1,5 Promille
- ab 2,5 Promille
- ab 3,5 Promille

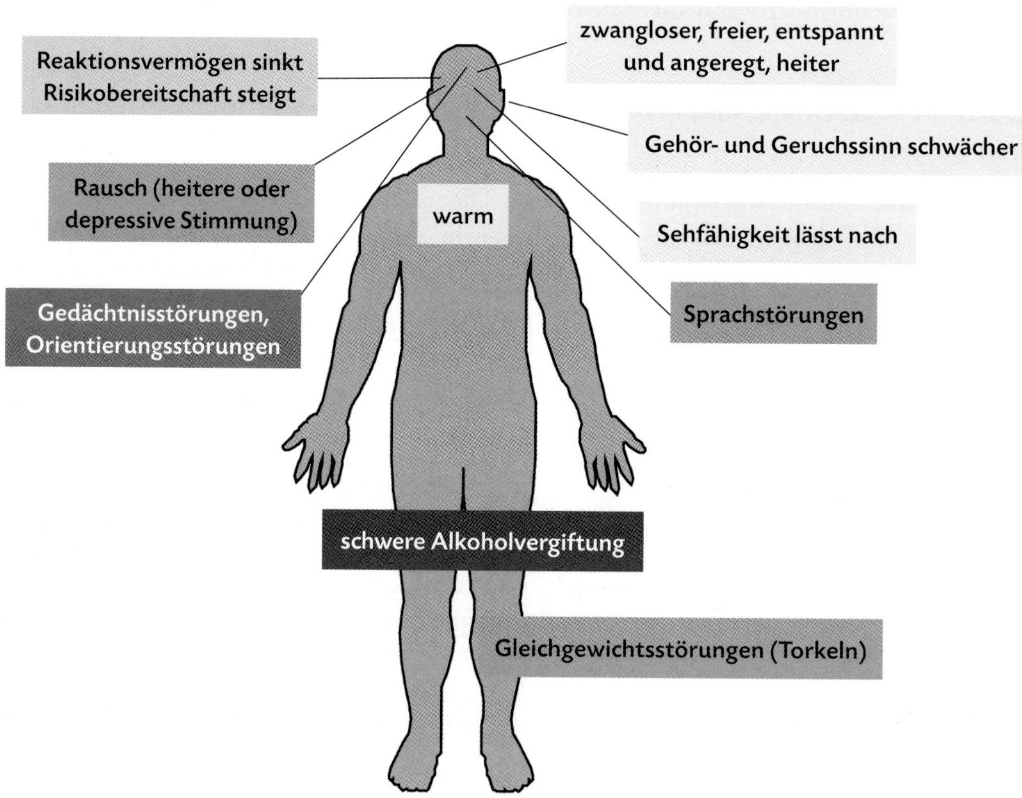

Ist die Übersicht entsprechend beschriftet, kann explizit verdeutlicht werden, dass die Hauptschädigungsstelle das Gehirn ist, die Schaltzentrale des Körpers, die man nicht sehen kann, deren Störungen aber weitreichende nachhaltige Auswirkungen auf das gesamte Leben des Menschen haben.

Bei jedem Rausch sterben Gehirnzellen ab. Bei ständigem Konsum kommt es zu einer allmählichen Schrumpfung des Gehirns (Atrophie). Die Aufgaben der abgestorbenen Zellen werden von „Reservezellen“ übernommen, die diese Aufgaben jedoch erst „lernen“ müssen. Der Vorrat an Reservezellen wird durch Alkoholtrinken systematisch verringert. Hirnschäden durch Alkohol sind die häufigsten und bedeutendsten. Sie sind, wie etwa Leberschäden, sehr ernst zu nehmen.

Das Thema im Überblick

SH 14

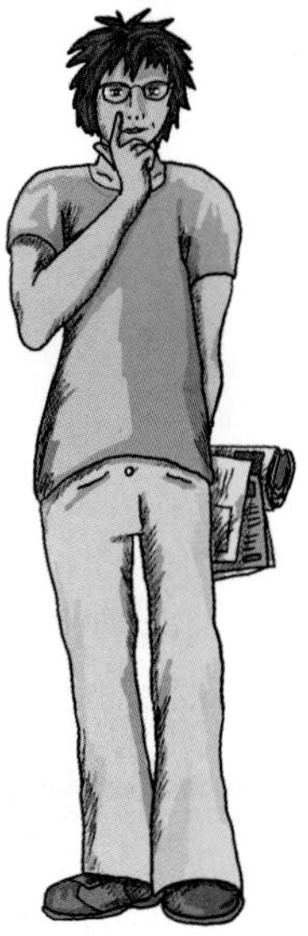

„Suchtverhalten – Abhängigkeiten im Alltag"

Als Ausgangspunkt für die Arbeit am Thema wird eine Zwischenbilanz gezogen, die sich an den bisher gewonnenen Informationen aus den Impulstexten und dem Auszug aus dem diesjährigen Drogen- und Suchtbericht der Bundesregierung orientiert.

Suchtverhalten kann man an bestimmten Handlungsweisen erkennen:	Sucht ist ein gesellschaftliches Problem:	Sucht ist immer an ein Suchtmittel gekoppelt:
• Hinweise auf mögliches Suchtverhalten vertuschen • sich verstecken • sich schämen • Arbeit/Schule vernachlässigen • lügen • sich selbst etwas vormachen • Legitimation für Handlungsweisen suchen • bestimmte Handlungen selbst nicht mehr wahrnehmen	• Individuum, Eltern, Familie, Freunde daran beteiligt • aber auch Wirtschaft (Markt, Werbung, Verfügbarkeit), Politik (Jugendschutzgesetz), Institutionen (Krankenkassen, Suchthilfestellen) • Tolerieren legaler Drogen trotz ihrer Gefährlichkeit • gestiegene Anforderungen an Leben in moderner Gesellschaft • neue Konsummuster (Exzessivität)	• kann stofflich sein (Essen, Alkohol, Nikotin, Medikamente, Cannabis, illegale Drogen) oder auch nichtstofflich (Glücksspiel, Internet, Fernsehen) • 16 Millionen rauchen • 1,6 Millionen sind alkoholabhängig

Der Drogen- und Suchtbericht der Bundesregierung vom Mai 2011 ist eine gute Quelle für die aktuelle Situation in Deutschland. Explizit werden dort jeweils Informationen die Jugendlichen betreffend dargestellt. Die Orientierung an diesem Bericht zeigt, welche Bereiche besonders hervorstechen:

- Alkoholabhängige: 1,6 Millionen
- Raucher: 16 Millionen
- Medikamente: 1,4 Millionen sind abhängig
- Cannabiskonsum, kritischer: 600 000
- Neue psychoaktive Substanzen („Legal Highs")
- Illegale Drogen: 200 000
- Neue stoffungebundene Suchtform
- Pathologisches Glücksspiel: 600 000
- Medien- oder Onlinesucht
- 1,6 bis 8,2 % abhängige Internetnutzer

Die zusammengestellten Informatonen aus der Tabelle und aus dem Auszug des Drogen- und Suchtberichts von 2011 münden in ein Cluster, das festhält, welche Suchtverhalten bei Jugendlichen besonders auffällig sind und was zum Thema recherchiert und untersucht werden soll.

Anzeichen von Suchtverhalten untersuchen

- Verhalten im Umgang mit Alkohol, Nikotin, Cannabis, Medikamenten, Glücksspiel, Internet ... untersuchen
- Alltagsbereiche Jugendlicher beleuchten, die Suchtpotenzial haben
- Was löst eine Sucht aus?
- Einfluss der Gesellschaft auf Suchtentstehung; Rolle der Gesellschaft bei Suchtvermeidung und Therapie
- Suchtmittelkonsum als Problemlöser – Alternativen dazu
- Was beeinflusst das eigene Konsumverhalten?
- Gründe für zunehmende Exzessivität
- Anforderungen an Jugendliche heute – Gefahrenquellen
- Was sind stoffungebundene Suchtformen?
- Gefährdung durch neue Substanzen auf dem Markt

SH 15

Suchtverhalten in meinem Alltag

Die Beleuchtung des Alltags Jugendlicher halten wir für ganz wesentlich. Es ist denkbar, diesen Alltag mit Einträgen auf dem „Leuchtpult" oder aber auch typischen Fotos so zu gestalten, dass eine Art „Alltagskarte" entsteht, die im Zimmer ausgehängt wird. Diese Übersicht ermöglicht es, immer wieder darauf zu blicken und jeder Schüler kann so sehr schnell selbst erkennen, an welcher Stelle auch „er oder sie" sich befinden könnte und somit eine Gefahr für sich selbst erkennen. Dieser Effekt wäre ein erster Schritt, damit sich Jugendliche bereit erklären, über ihr eigenes Verhalten nachzudenken.

Einige mögliche Alltagssituationen mit Abhängigkeitspotenzial auf „Schülerleuchtpulten":

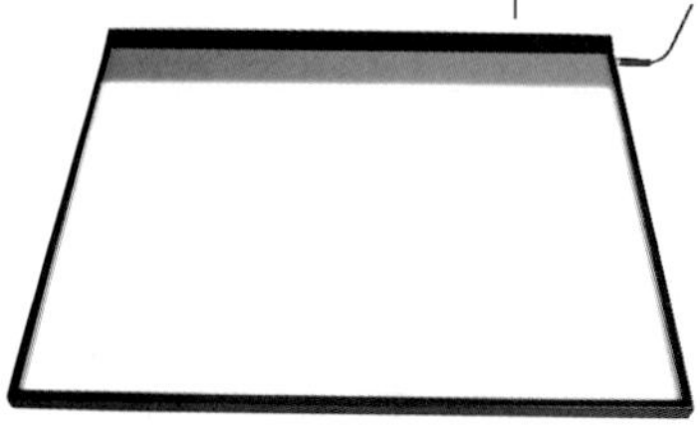

Volksfest/Karneval – alle trinken zu diesen Gelegenheiten, auch übermäßig viel

Fernsehserien – Tagesrhythmus stellt sich auf die Sendezeiten ein

Party – um nicht als „Spielverderber" dazustehen, trinkt man mit

Handy – Konzentration auf das Handy, selbst bei Gesprächen ist man abgelenkt und nimmt alles andere nur so nebenbei wahr

Viele Aufgaben zu erledigen – Konzentrationsschwierigkeiten, Computer zum Ablenken – was aber immer länger wird

Zunächst tauschen sich die Schüler/-innen über ihre Situationen auf ihren „Leuchtpulten" aus. Dann werden wichtige und interessante Situationen auf der „Alltagskarte" im Klassenzimmer angebracht.

Das **Formulieren von Argumenten** wird an dieser frühen Stelle zunächst formal geübt. Das hat aber seine Berechtigung, denn immer dann, wenn eigene Erfahrungen Jugendlicher eingebracht werden sollen, besteht die Gefahr, nur eigene Meinungen zu äußern, was aber selten Argumente sind. Daher ist die Variante mit den Kärtchen auch als Formulierungsübung zu sehen. Jeder Schüler kann zu den Belegen, Beispielen und Stellungnahmen weitere Ergänzungen per Kärtchen hinzufügen. Somit entstehen sowohl Formulierungsvarianten als auch die Bewertung der einzelnen Elemente von Argumenten. In einer Auswertung sollte darauf eingegangen werden. Auch ist es wichtig, dass Schüler einige Beispiele von Argumenten in ihren Hefter übernehmen.

SH 16

Entwicklung von Suchtverhalten

Zur Entwicklung von Suchtverhalten →

- Entwicklungsprozess
- unterschiedliche Einflussfaktoren
- jedes Verhalten dient einem bestimmten Zweck, also auch Suchtverhalten
- Genuss kann zur Gewohnheit werden – Achtung!
- viele unserer Konsumgewohnheiten sind Ersatzhandlungen für Belohnung, Wohlgefühl, Anerkennung, Entspannung
- wird erlernt, wenn man keine Bewältigungsstrategien besitzt = Ausweichverhalten
- erfolgt mechanisch und meist unbewusst

Unsere Reaktionsfiguren auf dieser Seite enthalten einige Hinweise auf mögliches Suchtverhalten:

- mehrere Taschen – Kauf von Dingen, die sie nicht wirklich braucht →
- Spielwürfel und Spielewerbung
- Hinweis darauf, dass er Arten von Spielen oder Glücksspielen betreibt
- ständiger Begleiter – spielt eventuell oft

Kaufen aus Frust?

- Alkohol als Begleiter in der Freizeit
- lässige Handhabung, Alkohol alltäglich?

- Tüte aus der Apotheke – Medikamente vielleicht gegen Müdigkeit, Stress, Unwohlsein
- Medikamente wahrscheinlich frei erhältlich

In der Auswertung werden die zusammengetragenen Handlungsweisen zunächst vorgestellt. Eine mögliche Methode, um möglichst alle Schülerbeispiele darstellen zu können, wäre:

1. Schritt: Jeweils 2 Partnerteams (4 Schüler) sichten ihre Ergebnisse und sortieren Doppelungen aus. Es entsteht ein gemeinsames Ergebnis.

2. Schritt: Jeweils 4 Partnerteams (8 Schüler) tun dasselbe. Es entsteht wieder nur ein Ergebnis pro Arbeitsgruppe, sodass je nach Klassenstärke nun 3 oder 4 Listen vorliegen.

3. Schritt: Diese Listen werden im Plenum zu einer Handlungsliste zusammengeführt. Hierfür benötigt man einen Moderator und einen Assistenten, der Doppelungen streicht bzw. Kärtchen umhängt – je nachdem, in welcher Präsentationsform die Aufgabe durchgeführt wurde.

Für die Einschätzung des Gefahrengrades sollten geeignete Definitionen gefunden werden:

riskant: gewagt; gefährlich; mit einem Risiko verbunden – für Gesundheit etwa
bedenklich: so, dass es Besorgnis erregt; fragwürdig, etwa weil eine Gewöhnung erfolgt

Wann wird aus Konsum ein Missbrauch?

SH 17/18

Genau diese Frage ist das eigentliche Grundproblem. Da der Übergang fließend ist, kann es entweder Panikmache sein, die man betreibt, oder vielleicht auch schon sehr spät sein.
Mithilfe der vorgegebenen Kurzdefinitionen sollen die Schüler etwaige Abgrenzungen zwischen den Konsumformen tätigen können und versuchen, bestimmte Aspekte den jeweiligen „Stufen" zuzuordnen. Hierdurch werden sie in die Lage versetzt, gleichzeitig eigenes Verhalten unter die Lupe zu nehmen, ohne sich dazu äußern zu müssen. Im Ergebnis der Aufgabe erhalten die Schüler eine Übersicht, die in Ansätzen schon deutlich macht, welche Handlungen letztendlich zu einer Sucht führen können. Diese Übersicht kann später auch verwendet werden, wenn es konkret um den Suchtmechanismus geht (SH S. 19–20).

SH 19/20

das Konsumieren;
unter 20 g Alkohol pro Tag; ab und an ein Glas Rotwein zur Entspannung; Geschmack ausprobieren, zu besonderem Anlass; Genuss; Befriedigung von Neugier

Steigerung des Lustgewinns bei bestimmten Gelegenheiten; kann Risiken einschätzen

falscher, nicht bestimmungsgemäßer Gebrauch zum eigenen Schaden oder Schaden des Umfeldes; übermäßiger Konsum; häufige Überdosierung; strafbare Handlungen unter Suchtstoffeinfluss

um Probleme zu vergessen; um abzuschalten, Stressbewältigung, sich enthemmen, Feeling im alkoholisierten Zustand spüren wollen;

Entscheidung fällen, welche Rolle die Stoffe künftig im Leben spielen werden;

60 bis 120 g Alkohol pro Tag; Ersatzbefriedigung; Gewaltanwendung gegen Dritte infolge übermäßigen Konsums; vermeintliche Kontrolle des Konsums; regelmäßiger kritischer Konsum

körperliche und/oder seelische (psychische) Abhängigkeit, starkes Verlangen nach der Substanz, Toleranzbildung, Substanz als Lebensmittelpunkt, körperliche Entzugserscheinungen, man macht immer weiter – nach WHO nur auf Substanzen beschränkt; aber auch mit einem Verhalten kann man in einen bestimmten Gefühlszustand gelangen!

stärker auf Verfügbarkeit des Suchtstoffes angewiesen; mehr als 120 g Alkohol pro Tag, Konsumzwang; Kontrollverlust; Verdrängungsfunktion des Suchtmittelkonsums im Mittelpunkt

SH 19

Sucht und Abhängigkeit

Fallbeispiele:

Auch bei diesen Fallbeispielen sind einige verschwommene Grenzen/Übergänge zu erkennen.

1. **An der Schwelle zum Missbrauch:** Karin hat sich bereits daran gewöhnt, in solchen Situationen immer zu naschen
2. **Missbrauch:** Hans M. muss in seine Tagesplanung die Zeit für den Kaffee einberechnen; Kaffee dient der Stressbewältigung, übermäßiger ungesunder Konsum
3. **Abhängigkeit:** Typisches Ausweichverhalten und Abwehrstrategien – Lügen, Freunde vernachlässigen, Probleme verdrängen, enormes Zeitpensum am Computer verbracht (Lebensmittelpunkt)
4. **Konsum:** Ein schwerer Test ist eine Ausnahmesituation, kommt nicht alltäglich vor; als Belohnung für jegliche Anstrengung ist das Shoppen aber als Missbrauch zu bewerten
5. **Missbrauch:** Alkohol als Belohnung bedeutet, er ist ein Rauschmittel; scheinbare Kontrolle über den Alkoholkonsum; Trunkenheit wird verharmlost
6. **Abhängigkeit, zumindest Missbrauch:** Obwohl keine Schmerzen vorhanden sind, nimmt er vorbeugend Medikamente; sein Körper gewöhnt sich an die Überdosierung und wird nach mehr verlangen
7. **Konsum mit Genuss:** Maximilian frönt seinem „Hobby“ in Gesellschaft, pflegt also so seine sozialen Kontakte; die Freude am Spiel steht im Vordergrund
8. **Missbrauch – an der Schwelle zur Abhängigkeit,** denn körperliche Entzugserscheinungen bahnen sich an; sie trinkt nicht, weil es ihr schmeckt, sondern weil sie einen bestimmten Zustand durch den Rotwein erreichen kann; aber eine Toleranzbildung ist bereits zu beobachten

Der **Forumteilnehmer** hat die Grenze zur Abhängigkeit bereits überschritten, denn er verspürt den Zwang zu rauchen. Dies rührt sicherlich von seinem regelmäßigen Konsum und der damit verbundenen Dosissteigerung, an die sich der Körper natürlich gewöhnt. Trügerisch ist auch die Vorstellung, von einem übermäßigen, missbrauchenden Konsum wieder zurück zu einem kritischen Konsum gelangen zu können. Ohne Hilfe wird er auch keinen Weg finden, seinen Konsum zu reduzieren. Aber positiv zu bewerten ist, dass er seine Abhängigkeit bereits eingesteht und so einen wesentlichen Schritt getan hat, der Sucht zu entkommen.

SH 20

Konsum und Abhängigkeit

„Riskanter Konsum – Abhängigkeit“

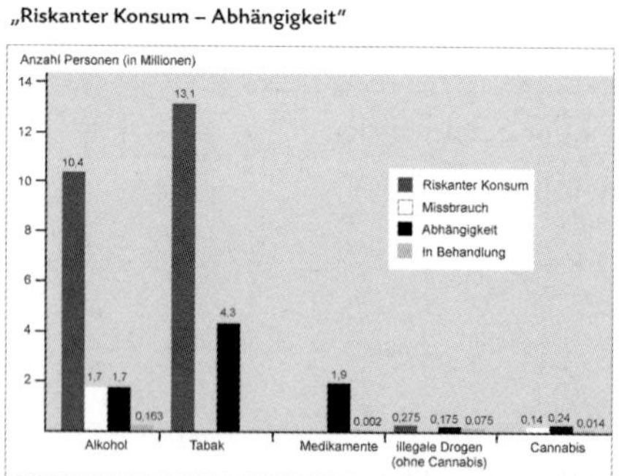

Nicht alle Suchtmittel ebnen den Weg in eine Abhängigkeit gleichermaßen. Sowohl die Art der Substanz sowie ihre Wirkungsweise als auch die Probierfreudigkeit der Konsumenten haben Einfluss auf die Entwicklung von Abhängigkeit.

Auswertung: „Riskanter Konsum – Abhängigkeit“

(Riskanter Konsum ist auf der Stufe von Gewohnheit an der Schwelle zum Missbrauch einzuordnen.)

Aus diesem Diagramm ist abzulesen, wie viele Menschen in Deutschland von ausgewählten Suchtstoffen abhängig sind, sie riskant konsumieren oder missbrauchen und sich aufgrunddessen in ärztlicher Behandlung befinden.

- Alkohol und Tabak stellen die höchsten Abhängigkeitspotenziale dar.
- 10,4 Mio. Deutsche praktizieren einen riskanten Alkoholkonsum, 1,7 Mio. betreiben Missbrauch und weitere 1,6 Mio. sind alkoholabhängig – damit hat knapp jeder Sechste in Deutschland ein Alkoholproblem.
- Verschwindend gering hingegen ist die Zahl derjenigen, die aufgrund von Alkoholabhängigkeit in Behandlung sind.
- Noch mehr Abhängige und riskant Konsumierende finden wir beim Tabak (13,1 Mio. mit riskantem Konsum; 4,3 Mio. Abhängige).

- Ein riskanter Konsum von Medikamenten wird nicht aufgeführt, dafür aber bereits 1,9 Mio. Abhängige, von denen nur 2000 in Behandlung sind.
- Es ist anzunehmen, dass es dennoch eine hohe Dunkelziffer von Medikamentenmissbrauch gibt.
- Überraschend für Schüler ist wahrscheinlich, dass die Zahl der Abhängigen von illegalen Drogen vergleichsweise gering ausfällt, was auf die eingeschränkte Verfügbarkeit, die rechtliche Sanktionierung und das hohe Abhängigkeits- und Schadensrisiko zurückzuführen ist.
- Auch die Cannabiswerte bergen einige Überraschungen: insgesamt 380 000 betreiben einen Missbrauch oder sind bereits abhängig.

Auswertung: „Vom Konsum zur Abhängigkeit"

„Vom Konsum zur Abhängigkeit"

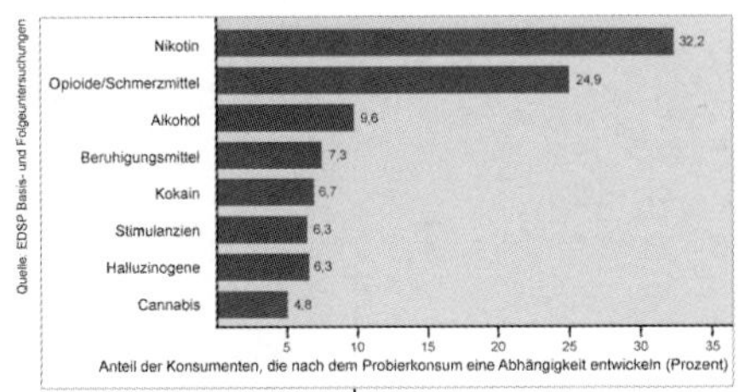

Aus diesem Diagramm ist abzulesen, wie hoch der prozentuale Anteil derjenigen ist, die je eine bestimmte Substanz probiert/konsumiert haben und anschließend eine Abhängigkeit entwickelten.

- Das größte Abhängigkeitspotenzial besitzt Nikotin – das deckt sich mit den Werten des ersten Diagramms und der hohen Zahl an Nikotinabhängigen und riskant Konsumierenden (32,2 % der Befragten wurden abhängig).
- Ebenfalls relativ hoch ist die Zahl derjenigen, die eine Abhängigkeit von Schmerzmitteln und Opioiden entwickelten (24,9 %) – aus dem Vergleich zu den Zahlen aus dem oberen Diagramm kann man nur schließen, dass wahrscheinlich wesentlich weniger Menschen sich Medikamente als Suchtmittel „wählen".
- Zu den Opioiden gehört auch Heroin, dessen Abhängigkeitspotenzial enorm hoch ist.
- Jeder Zehnte, der einmal Alkohol getrunken hat, wurde abhängig.
- Beruhigungsmittel, Kokain, Stimulanzien und Halluzinogene liegen bei den Befragten etwa auf einer Stufe der Abhängigkeitswahrscheinlichkeit.
- Bei Cannabis hingegen entwickelten „nur" 4,8 % eine Abhängigkeit – dies wiederum bestätigt die Zahlen aus dem ersten Diagramm.

„Komasaufen"

SH 21

Obwohl die Zahl der Alkohol konsumierenden Jugendlichen seit Jahren stetig zurückgeht, wird das sogenannte „Komasaufen" zu einem immer größeren Problem. Die exzessiven Trinkgelage, bei denen es nur darum geht, in möglichst kurzer Zeit möglichst viel Alkohol in sich hineinzuschütten, sind besorgniserregend, da sie ein nicht kalkulierbares Gesundheitsrisiko darstellen und in einigen Fällen auch schon zum Tod von Jugendlichen geführt haben (auch durch Unfälle).
Es ist schwierig, die Motivation Jugendlicher für das „Binge-Drinking" (siehe LH S. 25) nachzuvollziehen. Aus Erwachsenensicht ist wahrscheinlich keiner der Gründe nachvollziehbar. Vielleicht ist es in Ihrer Klasse möglich, eine Diskussion unter den Jugendlichen anzuregen, in der mögliche Gründe für das Rauschtrinken benannt und bewertet werden.

Schlussfolgerungen:

Fast jeder zweite Jugendliche zwischen 16 und 17 Jahren betreibt mindestens einmal im Monat „Binge-Drinking", betrinkt sich also mit mindestens fünf Gläsern Alkohol.

Um das Fünffache ist seit 1990 die Zahl der Jugendlichen gestiegen, die mit einer Alkoholvergiftung ins Krankenhaus eingeliefert wurden.

Lerneffekte sind selbst nach einem solchen Krankenhausaufenthalt sehr gering, denn viele der Befragten trinken danach weiter wie bisher oder sogar noch mehr.

Gemeinsame Rauscherlebnisse können als verbindendes Element innerhalb einer Gruppe fungieren.

Wer bereits frühzeitig viel trinkt, hat ein um zwei Drittel höheres Risiko, als Erwachsener alkoholabhängig zu werden, als jemand, der als Jugendlicher wenig getrunken hat.

Oft ist den Jugendlichen nicht bewusst, wie viel reinen Alkohol sie eigentlich zu sich nehmen, wenn sie ein Bier, ein Glas Sekt oder ein Mixgetränk trinken. Daher ist es sinnvoll, sie selbst ausrechnen zu lassen, welche Getränke wie viel Alkohol enthalten und dies mit den Grenzen zu vergleichen, wie viel Alkohol man zu sich nehmen sollte, ohne sich schwerwiegend zu gefährden.

Formel zur Berechnung des Alkoholgehalts:

Über die „richtige“, die „zulässige“ Menge Alkohol, die man konsumieren darf, wird viel spekuliert. Das ist nicht nur für das Autofahren extrem gefährlich, sondern auch für die Gesundheit. Die Berechnung zeigt es deutlich: Promillewerte sind rasch erreicht – die Belastung des Körpers früher, als viele in unserer „Alkoholkultur“ glauben. Die Ergebnisse aus Impulstext 2 und mögliche Langzeitfolgen eines dauerhaften Alkoholmissbrauches sollten daher mit einbezogen werden.

Die Weltgesundheitsorganisation hat dazu folgende Angaben vorgeschlagen:
7 g reiner Alkohol am Tag sind unbedenklich.
Frauen sollten maximal 20 g, Männer 40 g Alkohol an einem Tag konsumieren.
Ganz wichtig ist, dass Alkohol aus Genuss konsumiert wird.
Man sollte jedoch an mindestens vier Tagen der Woche keinen Alkohol konsumieren, um eine Gewöhnung zu verhindern, die fließend zu einem kritischen Konsum und zum Missbrauch führen kann.

Getränk	Menge	Alkoholgehalt in Vol.-%	reine Alkoholmenge
1 Glas Sekt	100 ml	11 Vol.-%	ca. 9 g
1 großes Bier	500 ml	5 Vol.-%	ca. 20 g
1 Glas Wein	200 ml	11 Vol.-%	ca. 18 g
1 Glas Wodka	20 ml	42 Vol.-%	ca. 7 g
1 Biermixgetränk	330 ml	2,4 Vol.-%	ca. 6 g
1 Longdrink (mit Wodka)	200 ml	(42 Vol.-%)*	ca. 13 g
1 Glas trockener Weißwein	200 ml	12,5 Vol.-%	ca. 20 g
1 Rumcola (4 cl Rum)	200 ml	(38 Vol.-%)	ca. 12 g
1 Caipirinha	300 ml	(32 Vol.-%)	ca. 18 g
1 Mojito (6 cl weißer Rum)	300 ml	(37,5 Vol.-%)	ca. 18 g

* Werte in Klammern sind Alkoholanteil = enthaltener Schnaps

SH 22

Das Suchtdreieck

Suchtverhalten ist, wenn ...

Als Zusammenfassung sollen die Jugendlichen hier einige Merkmale von Suchtverhalten herausstellen und den kritischen Punkt zwischen Konsum und Abhängigkeit benennen. Dabei könnten alle bisherigen Diskussionen und Auswertungen einbezogen werden.

Die Schülerdefinitionen sollten folgende Punkte enthalten:

- hoher Zeitaufwand für das Verhalten
- verstecken
- Häufigkeit des Verhaltens/ständiges Wiederholen
- Vergessen der Welt um sich herum (einschließlich Pflichten)
- innere Unruhe, wenn es nicht ausgeübt werden kann

Der kritische Punkt zwischen Konsum und Abhängigkeit liegt darin, sich selbst Einhalt zu gebieten und den „Konsum“ einzuschränken, also das selbstständige Erkennen, dass ein Verhalten für einen selbst in der jetzigen Ausprägung schädlich ist. Beste Messlatte hierfür sind die Häufigkeit (Regelmäßigkeit, Gewöhnung) und der Umfang (Entwicklung eines Toleranzverhaltens), in dem das Suchtverhalten an den Tag gelegt wird.

Das „Suchtdreieck"

In der Literatur wird häufig von einem „Suchtdreieck“ (manchmal auch von einem „Suchtviereck“) gesprochen, um die Entstehung von Sucht zu erläutern. Es besagt, dass natürlich das Individuum seiner Disposition wegen individuell gefährdet ist, aber auch über seine Verhaltensweisen und Entscheidungen maßgeblich am Entstehen einer Sucht beteiligt ist, aber von verschiedenen Faktoren mehr oder weniger stark beeinflusst wird. Folgende Aspekte stecken hinter den einzelnen Einflusskräften:

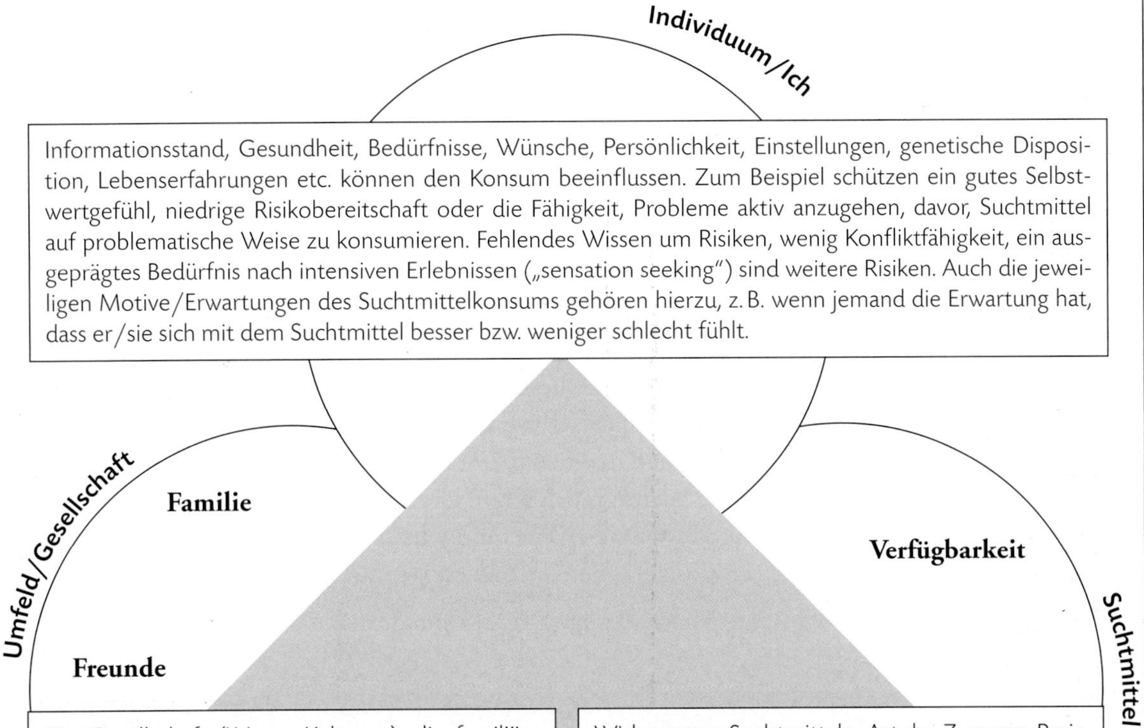

Informationsstand, Gesundheit, Bedürfnisse, Wünsche, Persönlichkeit, Einstellungen, genetische Disposition, Lebenserfahrungen etc. können den Konsum beeinflussen. Zum Beispiel schützen ein gutes Selbstwertgefühl, niedrige Risikobereitschaft oder die Fähigkeit, Probleme aktiv anzugehen, davor, Suchtmittel auf problematische Weise zu konsumieren. Fehlendes Wissen um Risiken, wenig Konfliktfähigkeit, ein ausgeprägtes Bedürfnis nach intensiven Erlebnissen („sensation seeking") sind weitere Risiken. Auch die jeweiligen Motive/Erwartungen des Suchtmittelkonsums gehören hierzu, z. B. wenn jemand die Erwartung hat, dass er/sie sich mit dem Suchtmittel besser bzw. weniger schlecht fühlt.

Die Gesellschaft (Werte, Kultur ...), die familiäre und berufliche/schulische und auch die private Situation haben Einfluss. Zum Beispiel senken das Vorhandensein von Bezugspersonen die warmherzig sind und klare Grenzen setzen sowie ein gutes Klima in der Schule und am Arbeitsplatz das Risiko für einen problematischen Konsum. Wenige oder schlechte Entwicklungsperspektiven und fehlende vertrauensvolle Freundschaftsbeziehungen sowie schlechte Vorbildwirkung sind Faktoren, die das Risiko für einen problematischen Konsum erhöhen können.

Wirkung von Suchtmitteln, Art des Zugangs, Preis, Geschmack, Dauer und Intensität des Konsums etc. können die Konsumausprägung beeinflussen. Je günstiger und leichter zugänglich, desto größer die Wahrscheinlichkeit des Konsums und damit auch des schädlichen Konsums in der Folge. Auch das Abhängigkeitspotenzial des Mittels ist zu beachten (Nikotin und Heroin machen sehr schnell abhängig, vor allem körperlich). Je größer die Konsummenge, desto höher das Abhängigkeitsrisiko durch zunehmenden Kontrollverlust.

SH 23

Co-Abhängigkeit

Den Schülern soll bewusst werden, dass Suchtverhalten und daraus resultierende Abhängigkeit nicht nur denjenigen selbst betreffen, sondern Auswirkungen auf sein direktes Umfeld haben.

Kinder in Form von Vernachlässigung/ emotionale Verwahrlosung und negative Vorbildwirkung durch süchtige Eltern.	Eltern/Familie in Form von Co-Abhängigkeit zu ihren süchtigen Kindern; sie wollen es nicht wahrhaben, versuchen lange die Sucht der Kinder zu leugnen.	Freunde in Form von Isolation von ihrem Freund/ihrer Freundin; eventuell auch Verleiten zum Konsum durch den süchtigen Freund. Partner können in „falschem Verständnis" ebenfalls abhängig werden.	Arbeitgeber/Schule in Form von Vernachlässigung der geforderten Pflichten; Aufgaben müssen auf andere verteilt werden – Verschlechterung des Arbeits-/ Schulklimas „Decken" des Suchtverhaltens

Was bedeutet Co-Abhängigkeit?

Die Suchterkrankung eines Menschen beeinflusst sein gesamtes Umfeld. Die Angehörigen beschäftigen sich mit den Problemen der Abhängigen. Sie versuchen, Hilfestellungen zu geben. Sie warnen und ermahnen, um dann doch wieder zu beschützen, zu erklären und zu rechtfertigen. So leisten Bezugspersonen eines Suchtkranken durch Tun oder Unterlassen unbewusst seiner Sucht Vorschub.

Co-Abhängigkeit kann in Phasen verlaufen:

- *Beschützerphase:* besondere Zuwendung und Mitgefühl in der Hoffnung, der Suchtkranke könne seine Sucht aus eigener Kraft überwinden
- *Kontrollphase:* die Bezugspersonen übernehmen die Aufgaben und Probleme des Süchtigen und verdecken die Sucht gegenüber anderen
- *Anklagephase:* zunehmende Aggression und Verachtung dem Kranken gegenüber, was oft zu vollständiger Hilflosigkeit der Co-Abhängigen führen kann

Co-Abhängigkeit ist auch eine Art Sucht. Sie kann dazu führen, dass Partner ebenfalls abhängig werden.

Folgen für den Suchtkranken	Folgen für den Co-Abhängigen
– ihm wird Verantwortung abgenommen, er kann noch ungestörter konsumieren – nimmt Hilfeversuche übel und verschließt sich noch weiter – wird gezwungen, um sein Suchtmittel zu „kämpfen", lenkt dadurch von Schuld- und Schamgefühlen ab – körperliche Schäden nehmen zu, Abhängigkeit wird vertieft	– machen den suchtkranken Angehörigen zum eigenen Lebensmittelpunkt – kein Raum für eigene Interessen, Hobbys, Freundschaften – Selbstverleugnung – Überschuldung – maßlose Überforderung/Burnout – Partner und Kinder leiden ebenfalls – Nervosität und Schlaflosigkeit – Magenerkrankungen – Migräne und Depressionen – psychosomatische Erkrankungen – manchmal auch eigene Sucht

Lösungsvorschläge, wie man aus der Co-Abhängigkeit wieder herauskommen kann:

- persönliche Erkenntnis, dass man so dem Suchtkranken nicht hilft: Nein sagen
- persönliche Abgrenzung zum Suchtkranken
- eigene Lebensgestaltung wieder aufnehmen
- Kontakte zu anderen Menschen
- eigene Bedürfnisse wahrnehmen und befriedigen
- bewusst entscheiden, was man zulässt und was nicht
- professionelle Helfer um Rat bitten (Suchtberatung, Therapeuten, Krankenkasse u. a.)

Suchtmittel

SH 24–25

Ein Überblickswissen über die gängigen Suchtmittel, inklusive Verhaltenssüchte, ist unerlässlich. Unsere Recherchen zeigen, dass man sich in der Welt des WorldWideWeb und in einer Vielzahl von Broschüren und Büchern enorm vergaloppieren kann. Die unzähligen Details zu verschiedensten Mitteln und deren Wirkungen bilden eine Herausforderung, wenn man aus ihnen eine Übersicht gestalten möchte.
Daher haben wir uns entschieden, kein kompliziertes und umfangreiches Konstrukt anzustreben, sondern Schülergruppen jeweils ein Schaubild erstellen zu lassen. Dieses sollte im Grundaufbau der Übersicht im Schülerheft auf Seite 26 folgen, damit alle Schüler anhand der präsentierten Schaubilder ihre eigene Übersicht im Schülerheft selbstständig ausfüllen können.

Wesentliche Informationen aus den Materialien:

M1 Alkohol

- häufigstes Suchtmittel bei Jugendlichen
- rückläufiger Alkoholkonsum seit den 1970er-Jahren: 13 Prozent der 12- bis 17-Jährigen trinken regelmäßig mindestens einmal pro Woche Alkohol
- leichter Rückgang beim Rauschtrinken im Vergleich zu 2004 (2010 16,7 Prozent im letzten Monat)
- Anstieg bei den alkoholbedingten Krankenhauseinweisungen (Anstieg um ca. 180 Prozent zwischen 2000 und 2008)
- Problem „Komasaufen", „Binge-Drinking"
- immer früherer Konsum auffällig und besorgniserregend

M2 Rauchen

- größtes (vermeidbares) Gesundheitsrisiko überhaupt
- täglich ca. 300 Tote aufgrund des Tabakkonsums (doppelt so viele wie an Alkoholfolgen sterben)
- 3 300 Tote durch Passivrauchen 2007
- Deutsche gaben in 3 Monaten 5,7 Milliarden Euro für Tabakwaren aus
- durch Shisha nimmt man mehr Nikotin auf als durch Zigaretten
- Nikotin ist Einstiegsdroge in anderen Drogenkonsum
- Rückgang der Raucher bei 12- bis 17-Jährigen seit Jahren (2010 12,9 Prozent)

M3 Cannabis

- jeder Zehnte zwischen 14 und 17 Jahren hat Cannabis schon einmal probiert, 0,9 Prozent davon konsumieren regelmäßig
- Risiko steigt, je öfter, intensiver, selbstverständlicher und in Verbindung mit anderen Drogen konsumiert wird
- regelmäßiger Konsum kann zu psychischer und körperlicher Abhängigkeit führen
- psychosoziale Risiken erhöhen die Abhängigkeitswahrscheinlichkeit, z. B. frühzeitiger Beginn, labile psychische Gesundheit, Drogen konsumierende Freunde, mangelnde soziale Unterstützung, Perspektivlosigkeit, kritische Lebensereignisse
- die meisten Cannabiskonsumenten haben vorher Zigaretten geraucht
- Cannabis erhöht das Risiko, nikotinsüchtig zu werden

M4 Erstauffällige Konsumenten harter Drogen

Die Grafik zeigt die Entwicklung der Zahl der Drogentoten zwischen 2000 und 2010 sowie die Entwicklung der Zahlen von Drogenerstkonsumenten im Vergleich zum Vorjahr nach Suchtmitteln gestaffelt:

- Zahl der Drogentoten niedrigster Stand seit 2000 (1237 nach Anstieg im Jahr 2008)
- die meisten Erstkonsumenten bei Meth-/Amphetamin – Steigerung um 12,8 Prozent auf 12 043

- Rückgang der Erstkonsumenten bei Kokain und Heroin
- enormer Rückgang der Erstkonsumenten bei Ecstasy (um 38,1 Prozent)
- enorme Zunahme bei Crack (+ 71,8 Prozent)
- leichte Zunahme bei anderen harten Drogen

M5 „Legal Highs"

Im Drogen- und Suchtbericht der Bundesregierung wird explizit auf die besorgniserregende Entwicklung bei den sogenannten „Legal Highs" („Designerdrogen" – im Labor hergestellte Drogen) hingewiesen, die in immer kreativeren Formen auf den Markt drängen.

- werden als angeblich legale Alternativen angeboten
- wirken harmlos, enthalten aber meist Betäubungsmittel und chemische Wirkstoffe, die nicht ausgewiesen sind
- es kam bereits zu lebensgefährlichen Vergiftungen nach deren Konsum, z. B. Kreislaufversagen, Ohnmacht, Psychosen, Wahnvorstellungen, Muskelzerfall, drohendem Nierenversagen

M6 Aussagen zur „Sucht"

Diese Aussagen können auch als Thesen verwendet werden, die von den Schülern be- bzw. widerlegt werden können. Man kann sie entweder in einem stummen Schreibgespräch einsetzen oder aber auch in einem Argumentationszirkel, in dem ein Argument in einer kleinen Schülergruppe zusammengesetzt wird:

- Schüler 1 nennt die These
- Schüler 2 formuliert eine Begründung (oder auch erst eine Gegenthese)
- Schüler 3 nennt einen Beleg
- Schüler 4 veranschaulicht mit einem Beispiel
- Schüler 5 fasst zusammen und bezieht Position

Diese Vorgehensweise kann sowohl schriftlich als auch mündlich erfolgen.

Übersicht Suchtmittel

SH 26

Diese Übersicht kann in den Schülerheften nur sehr allgemein gehalten werden.
Aus den einzelnen Schaubildern filtern die Schüler die jeweiligen Informationen, vor allem zu Wirkung und Risiken. Da sie bei einzelnen Suchtmitteln differieren, müssten Gemeinsamkeiten gefunden werden. Auf den Schaubildern wäre eine Zuordnung von Risiko und Wirkung zu den einzelnen Stoffen wichtig.

Stoffgebundene Süchte

Legale Drogen

Arten:
- Alkohol
- Nikotin
- Koffein
- Tein
- Aufputschmittel
- Schlaf- und Beruhigungsmittel
- Schmerzmittel
- Schnüffelstoffe
- Naturdrogen

Wirkung:
zunächst anregend und beruhigend, später hemmend und stimmungsdrückend

Risiken:
- vor allem psychische Abhängigkeit, später auch körperliche
- Alkohol: Schädigungen von Gehirn, Bauchspeicheldrüse und Leber
- Nikotin: Gefäß- und Herz-Kreislauf-Schäden
- Schlaflosigkeit, Depressionen

Illegale Drogen

Arten:
- Cannabis
- Ersatzstoff Methadon
- LSD
- Kokain
- Crack
- Ecstasy
- Speed
- Opium
- Heroin

Wirkung:
sollen alle für den Konsumenten erleichternde, beruhigende Wirkung bringen, aber sie wirken sich auf Nerven und Gehirn aus und schädigen weitere Körperfunktionen

Risiken:
- je nach Art unterschiedlich
- Heroin: schnelle psychische und körperliche Abhängigkeit, Infektionen
- Ruhelosigkeit, Sinnestäuschungen, Angst und Panik, Orientierungsverlust, Realitätsverlust, Wahrnehmungsstörungen, Ängste und Schwächen werden verstärkt, Depressionen

Stoffungebundene Süchte

Arten:
Ess-Brech-Sucht (Bulimie), Magersucht, Fettsucht, Sportsucht, Sexsucht
Kaufsucht; Arbeitssucht; Spielsucht/Glücksspielsucht; Computersucht, auch als Internet- oder Onlinesucht bezeichnet

Wirkung:
vor allem Auswirkungen auf die sozialen Kompetenzen des Süchtigen – sich zurückziehen, Isolation, oft verbunden mit Vernachlässigung von Pflichten und der eigenen Gesundheit – Suchtverhalten wird Lebensmittelpunkt, Kontrollverlust über die eigene Entscheidungsfreiheit

Risiken:
vor allem psychische Abhängigkeit, hoher Zeitaufwand, teilweise ungesunde Lebensweise, gesellschaftlicher Abstieg, Zerstörung von Familien, Überschuldung

SH 27–28

Rauchen – Wissen und Irrtümer

SH 27

Eine Variante, sich mit einem Aspekt der Thematik auseinanderzusetzen, ist das Vorgeben von Aussagen, wie es auf der Seite 27 im Schülerheft zum Rauchen erfolgt. Zur Lösung wird im Kompendium nachgeschlagen, recherchiert oder ein/e Partner/-in befragt. Eine Partner- oder Gruppenarbeit ist daher günstig.

Diese Methode ist auch auf andere Bereiche, etwa auf Alkohol oder auf Kaufsucht übertragbar. Als Form des „learning by teaching" stellt jeweils eine Gruppe „Wissen und Irrtümer" zusammen, die es zu untersuchen gilt. Dabei werden auch das Auswerten der Informationen, das gezielte Recherchieren und die Verwendung des Kompendiums getestet.

SH 28

Hier steht das Argumentieren im Mittelpunkt.
Mittels der gewonnenen und gesicherten Informationen wird nun gezeigt, wie und wann durch den Konsum ein Suchtverhalten entstehen kann.
Die Seite stellt das Verfahren an einem Beispiel vor; analog bilden die Schülerinnen und Schüler eigene zur Thematik Alkohol, Verhaltenssüchte u. a.

SH 29

Suchtmittel – Mein Konsumalltag

Die Motive, Suchtmittel zu konsumieren, sind so vielschichtig und bei jedem etwas anders. Daher bietet sich die Eigen- und auch Fremdbeobachtung an. Diese sollte anonym ausgewertet werden. Hierzu eignen sich Flipcharts oder große Papierbögen, auf die geschrieben werden kann oder auch das Aufkleben von Erkenntnissen der Schüler auf Papier, wobei diese Texte per Computer geschrieben werden sollten – das wahrt die Anonymität. Der Vergleich mit wissenschaftlichen Untersuchungen und Befragungsergebnissen kann den Schülern in der Auswertung angeboten werden. Ebenfalls kann sich an die Auswertung der Eigenbeobachtung schon eine Wertung des Verhaltens anschließen, die am besten in einer Diskussion vonstatten gehen kann. Nun können die Abstufungen Gewöhnung, kritischer Konsum, Missbrauch, beginnende Abhängigkeit verwendet werden.

Aus jedem Suchtmittelkonsum erhofft sich der Konsument einen Effekt, entweder einen sozialen oder auf einen Gefühlszustand wirkenden. Dabei können positive Verstärkungen oder auch die Vermeidung negativer Gefühle gewollt sein.

Z. B.: Party besser genießen, mehr Spaß, Rauschfeeling „genießen", Langeweile, der Realität entfliehen, Auflehnung gegen die Eltern, Anerkennung finden, Freiheit genießen, Stimmung verbessern, nicht nachdenken müssen, Aufmunterung, Probleme vergessen ...

Die Ergebnisse zeigen, dass eine Vielfalt an Suchtverhalten zu erkennen ist. Die Konsumorientierung trägt daran einen wesentlichen Anteil. Zudem lassen sich „eingeschliffene Gewohnheiten", Rituale und Gruppenzwänge „aufspüren".

Einige Beispiele – mit Einstufung

Gewohnheiten – Rituale

- Rauchen nach Essen, Stress, in der Clique (weil es die anderen tun ...)
- Alkoholkonsum (kritischer?) in der Clique, zur „Belohnung" nach einer Leistung, zu Hause zum Fernsehen (kein Genuss), der Sekt zum Geburtstag (als Genuss okay, aber Häufung!)
- die Kaffee- oder Teetasse aus Gewöhnung (zum Aufputschen, Wachhalten ...)

Kritischer Konsum – beginnende Abhängigkeit
- das „Antrinken“ (riskanter Konsum, um bei Partys, Festen oder Events „gut drauf“ zu sein)
- die Shisha-Pfeife, um „gesünder“ zu Rauchen (Irrtum!)
- die alltägliche Glotze (bedenklich – die Gewöhnung verhindert Alternativen …)
- die xte „flotte Tasche“, das „neueste Handy“ (weniger aus Bedarf, sondern zur Überwindung von Unlust, um „in“ zu sein, dazuzugehören, Anerkennung zu finden …)
- ständige Präsenz in Chats, Foren … (ist das immer kommunikativ?)
- Essen aus Frust und „nebenbei“ (Achtung: Übergewicht!)
- Computer ist ständig an (Gewöhnung, aber auch kritischer Konsum); Verlockung, mal schnell etwas anzuschauen, sich lange im Internet zu verlieren

Genauso geeignet sind natürlich die Beispiele, die sich aus der Liste zur Beobachtung anderer Menschen und des Umfelds ergeben. (Diese sollten immer ohne Namensnennung erfolgen!)

Verfügbarkeit von Suchtmitteln

SH 29 unten
SH 30–32

Bevor die Schüler die fiktionale Antwort an die „Deutsche Hauptstelle für Suchtfragen“ formulieren, beschäftigen sie sich mit den Informationen auf den Seiten 30 bis 32. In deren Auswertung gewinnen sie Fakten, mit denen sie ihre eigene Position untermauern und somit Stellung beziehen können.

Alkohol und Werbung

SH 30

Der Werbung in den Medien und auf der Straße kann man heutzutage kaum entgehen. Besonders mit Alkohol und Zigaretten setzt die Werbeindustrie auf die Vermarktung eines positiven Images, das sich durch diese Suchtstoffe assoziieren lässt. Obwohl Alkohol so gefährlich ist, sind nach der geltenden Gesetzgebung für das Produkt Alkohol in Deutschland weder Warnhinweise und Verbraucherinformationen auf dem Etikett bzw. auf der Verpackung vorgeschrieben, noch gibt es eine kohärente gesetzliche Regulierung der Werbung.

Bei der Zigarettenwerbung und auf den Verpackungen sind Warnhinweise gesetzlich vorgeschrieben.

„BE THE DREAM“ – „BE MARLBORO“ ist ein beeindruckendes Beispiel, wie Werbung durch Personifikation mit Lebenswelten und dem Verbinden mit positiven Sehnsüchten und Gefühlen in der Text- und Bildaussage versucht zu verführen – oder anders ausgedrückt: unseren Verstand zu überlisten.

! *Vorschlag:* Vielleicht können zusammen mit der Kunstkollegin oder dem Kunstkollegen Werbebeiträge untersucht werden und/oder gestalten die Jugendlichen eigene Werbeanzeigen, wie sie sich „verführen“ würden. Dadurch werden die Mechanismen besonders einsichtig.

Gesetzliche Regelungen zur Werbung

- Im Jugendschutzgesetz (JuSchG) wird im § 11 Absatz 5 JuSchG festgelegt, dass bei öffentlichen Filmveranstaltungen (z. B. Filmvorführungen im Kino) Alkoholwerbung erst nach 18 Uhr gezeigt werden darf. Diese Bestimmung ist die einzige im deutschen Rechtssystem, die sich auf Sendezeiten oder -umfang von Alkoholwerbung bezieht.

Quelle: http://www.kjm-online.de/public/kjm/downloads/juschg%20081128.pdf

- Eine gesetzliche Bestimmung zum Inhalt der Alkoholwerbung befindet sich entsprechend im Jugendmedienschutz-Staatsvertrag (JMStV). Im § 6 Absatz 5 JMStV ist geregelt, dass Alkoholwerbung sich nicht an Kinder und Jugendliche richten oder diese besonders ansprechen darf. Es dürfen auch keine Kinder und Jugendliche beim Alkoholkonsum dargestellt werden. Absatz 6 des gleichen Paragraphen erweitert dieselben Bestimmungen auch auf das Teleshopping.

Quelle: http://www.kjm-online.de/public/kjm/downloads/JMStV_Stand%2011%20RStV.pdf

- Regelungen, die sich allgemein auf Werbung beziehen, und damit auch Alkoholwerbung betreffen, finden sich im Gesetz gegen den unlauteren Wettbewerb (UWG), und im Rundfunkstaatsvertrag (RStV). Demnach darf Werbung nicht irreführend sein und die Unwahrheit behaupten, und sich nicht mit direkten Kaufaufforderungen an Kinder und Jugendliche wenden.

Wissenschaftliche Untersuchungen haben den Zusammenhang zwischen Werbung und Alkoholkonsum Jugendlicher belegt:

- Alkoholwerbung hat eine Auswirkung auf den Alkoholkonsum von Jugendlichen.
- Ein Dosis-Wirkungszusammenhang ist belegt: Je häufiger Jugendliche Alkoholwerbung sehen, desto mehr Alkohol trinken sie.
- Die Wahrscheinlichkeit, mit dem Trinken überhaupt zu beginnen ist höher, je häufiger Jugendliche Alkoholwerbung sehen.
- Die Wahrscheinlichkeit, mit dem Trinken früher zu beginnen ist höher, je häufiger Jugendliche Alkoholwerbung sehen.
- Jugendliche, die zu Beginn der Untersuchung schon tranken, steigern ihren Konsum, je mehr Alkoholwerbung sie sehen.

Die Werbeausgaben der Alkoholindustrie belaufen sich mittlerweile auf mehr als 550 Mio. Euro pro Jahr. In der Alkohol- und Zigarettenwerbung werden Menschen gezeigt, die erfolgreich und attraktiv sind. Szenarien eines unbeschwerten Lebens oder Themen wie Kameradschaft und Männerfreundschaften werden durch bestimmte Produkte symbolisiert. Solche Spots suggerieren, dass Entspannung, Erfolg, Abenteuerlust, Aufbruchstimmung, Erregung oder Urlaubsstimmung durch die Suchtmittel hervorgerufen werden.

SH 31–32

Suchtmittel – Regulation der Verfügbarkeit

Bei der Untersuchung, wie leicht Suchtmittel in Deutschland verfügbar sind und wie „versucht" wird, von staatlicher Seite regulierend einzugreifen, müssen die Schüler folgende Details ins Blickfeld nehmen:

Wichtige Regelungen des Jugendschutzgesetzes

- Jugendschutzgesetz:
  - Aufenthalt in Gaststätten unter 16 Jahren ist nur gestattet, wenn eine personensorgeberechtigte oder erziehungsbeauftragte Person sie begleitet oder wenn sie in der Zeit zwischen 5 Uhr und 23 Uhr eine Mahlzeit oder ein Getränk einnehmen; Jugendliche ab 16 Jahren ohne Begleitung bis 24 Uhr.
  - Anwesenheit bei öffentlichen Tanzveranstaltungen ohne Begleitung unter 16 Jahren nicht und ab 16 Jahren längstens bis 24 Uhr.
  - Die Anwesenheit in öffentlichen Spielhallen oder ähnlichen vorwiegend dem Spielbetrieb dienenden Räumen ist Kindern und Jugendlichen nicht gestattet.
  - In Gaststätten, Verkaufsstellen oder sonst in der Öffentlichkeit dürfen Branntwein, branntweinhaltige Getränke oder Lebensmittel, die Branntwein in nicht nur geringfügiger Menge enthalten, an Kinder und Jugendliche (unter 18 Jahren), andere alkoholische Getränke an Kinder und Jugendliche unter 16 Jahren weder abgegeben noch darf ihnen der Verzehr gestattet werden.
  - In Gaststätten, Verkaufsstellen oder sonst in der Öffentlichkeit dürfen Tabakwaren an Kinder oder Jugendliche weder abgegeben noch darf ihnen das Rauchen gestattet werden …

Wirkende Regulationsmethoden?

- Regulierung durch Verbote – wirkt kaum; besser ist Überzeugung
- Orientierung der Wirtschaft auf Jugendliche als Konsumenten
- Steuereinnahmen aus Suchtmittelverkauf; der Staat hat ein Interesse am Verdienen
- Lobby-Politik der Unternehmen kann schärfere Gesetze, Kontrollen oder höhere Steuern verhindern
- Verfügbare Einrichtungen zum Suchtmittelkonsum (z. B. Spielhallen) wachsen aus dem Boden

Die Schreibaufgabe „Fiktive Antwort an die DHS"

Textsorte

Offener Brief: eigene Meinung dazu, ob/warum die Verfügbarkeit von Suchtmitteln eingeschränkt werden muss; in Ich-Form verfasst; Anredeformel, Datum

Schreibziel

Auseinandersetzung mit der derzeitigen Situation der Verfügbarkeit von Suchtmitteln (stofflich und nichtstofflich); Stellung nehmen zu den Forderungen nach Einschränkung dieser

Adressat

Deutsche Hauptstelle für Suchtfragen e. V.

Einleitung

- Vorstellung
- Bezugnahme auf die „Bielefelder Erklärung"
- Bejahung oder Verneinung der Forderung

Hauptteil

- Sichtweise der Jugendlichen einnehmen (pro/kontra)
- Situationsbeschreibung der Verfügbarkeit von Alkohol, Tabak und Glücksspiel – Zahlen und Fakten:
  - Zuwachs an Spielhallen und Automaten
  - Alkoholindustrie als Großsponsor von Sportveranstaltungen, Fernsehsendungen (z. B „DSDS")
  - Preisgestaltung alkoholischer Getränke gegenüber alkoholfreien
  - lasche Durchsetzung des Jugendschutzgesetzes (wenig Kontrollen)
  - Entwicklung jugendorientierter Alkoholprodukte
  - Zigarettenautomaten an jeder Ecke; Ausweis-/Kreditkartenkontrolle leicht zu umgehen
  - hohe Steuereinnahmen durch „Suchtmittel"; der Staat will gar nicht so richtig dagegensteuern
- Zusammenhang zwischen Verfügbarkeit und Konsum beleuchten (am Beispiel), z. B. Werbung und Alkoholkonsum
- eigene Position begründen (kann sowohl dafür oder auch dagegen ausfallen) – Alternativen nennen
- Hinweis auf Information und Aufklärung als „Schutzfaktoren", eigenes Verhalten kritisch beobachten

Schluss

- Sensibilisierung für die Lage der Jugendlichen
- Abwägen von Risiko- und Verantwortungsbewusstsein
- Ansprechen der DHS und in ihrem Vorhaben hoffentlich bestärken
- Grußformel

Die Schreibaufgabe ist auf Seite 29 im Schülerheft. Sie wird abschließend ausgeführt.

SH 33

Suchtmittel – Auswirkungen des Missbrauchs

Psychische Auswirkungen des Suchtmittelkonsums:

- Veränderung des körpereigenen Belohnungssystems: Suchtmittel erhöhen die Dopaminausschüttung, die uns ein positives Gefühl beschert – es folgt eine Toleranzbildung, wir brauchen mehr vom Suchtmittel, das Verlangen wird unkontrollierbar – unbezwingbares Verlangen
- Stimmungsverschlechterung, Depressionen (Stimmungsschwankungen)
- Persönlichkeits-/Charakterveränderung
- Angstzustände, Halluzinationen, Verfolgungswahn
- Gleichgültigkeit
- erhöhte Aggressivität
- verzerrte Wahrnehmung
- Realitätsverlust

Körperliche Auswirkungen des Suchtmittelkonsums:

- Anpassung des Stoffwechsels an Suchtmittel
- Schädigung von Nervenzellen, inneren Organen
- Schwächung des Herz-Kreislauf-Systems
- Entzugserscheinungen, wie Fieber, Schüttelfrost, Gliederschmerzen
- weniger körperliche Bewegung
- Veränderung der Reaktionsfähigkeit – erhöhtes Unfallrisiko
- Überdosis mit gefährlichen Folgen
- Übelkeit, Erbrechen
- Bewusstlosigkeit
- Verschlimmerung von Allergien
- Vergiftungen

Auswirkungen des Suchtmittelkonsums auf das Verhalten:

- erhöhte Risiko- und Gewaltbereitschaft
- Interessensverlust, Verheimlichungstendenzen, Beschönigung und Verleugnung
- Freiheitseinschränkungen
- Kontrollverlust
- Beruflicher/schulischer Abstieg
- Isolation
- Vernachlässigung von Familie und Freunden (häufige Streitereien)
- Diskussionen ausweichen – Aggressivität
- Kriminalität zur Beschaffung der Droge, finanzielle Probleme

SH 34

Drogen und Gehirn

i

Diesem Infotext sind wesentliche Erläuterungen zu entnehmen, was die Suchtmittel in unserem Gehirn anrichten:

- Sucht wird erlernt
- körpereigenes Belohnungszentrum wird manipuliert, indem ein Suchtmittel den Dopaminausstoß erhöht
- das Gehirn wird darauf programmiert, diesen positiven Gefühlszustand wieder erleben zu wollen
- das Gehirn gewöhnt sich an die Dopamindosis und erzielt damit nicht mehr die gewünschte Wirkung
- Dosis wird erhöht, das Gehirn stumpft ab – aus Genuss wird Verlangen
- andere Gehirnreize werden vernachlässigt, dadurch ist die einzige Reaktionsmöglichkeit nur noch das Suchtmittel ⇛ der Weg in die Abhängigkeit

!

Hinweis: Das im Schülerheft vorgestellte „Tankmodell" (SH 46 f.) greift die Suchtentstehung ohne konkreten Bezug zum neurologischen Belohnungssystem auf.

Eine Muster-Schreibaufgabe

SH 35–37

Diese Schülerheftseiten enthalten eine ausführliche Anleitung, wie die Jugendlichen an Schreibaufgaben herangehen sollen. Vor allem geht es darum, ihnen zu zeigen, welche Rolle das Kompendium spielt und wie man die darin gesammelten Informationen sinnvoll in eine Schreibaufgabe einfügt. Außerdem ist detailliert nachzuvollziehen, wie eine Schreibaufgabe analysiert wird.

Auswertung der Materialien:

M2 Grafik „Riskanter Konsum und Abhängigkeit"

Gut geeignet als Beleg dafür, dass die legale Droge Alkohol ein enormes Problem dargestellt, dass sie gesellschaftlich akzeptiert ist; einbauen in Argumentation für die Bewusstmachung der Gefahren, alkoholabhängig zu werden; in Vergleich zu einem Beispiel, wo man ganz selbstverständlich mit Alkohol konfrontiert werden kann und wie schnell dann der Übergang zum riskanten Konsum oder gar einer Abhängigkeit ist.

M3 „Ideensammlung zu Alltagssituationen mit Suchtgefahr"

Situationen als Argumente anführen, die bestätigen, dass Jugendliche täglich Suchtversuchungen ausgesetzt sind, z. B. mit Alkoholwerbung konfrontiert, Assoziationen, die damit ausgelöst werden können.

M4 Impulstext 2: „Promille und Prozent"

Gut geeignet für die Darstellung der Wirkungsweise von Alkohol
„Alkohol beeinflusst vor allem die Informationsübertragung der Nervenzellen" – bedeutet, dass das Gehirn zentrale Schädigungsstelle ist, weil es die Nerven steuert, kann anschaulich an einem Körperumriss oder einer schematischen Darstellung des Körpers verdeutlicht werden.
„Im Einzelnen finden folgende körperliche Veränderungen statt:"
Bei der Verwendung unbedingt die Daten zu einem Beispiel ausbauen, d. h. beschreiben, wozu solche körperlichen Veränderungen führen können, z. B. heiter und angenehm warm – signalisiert eine Enthemmung, die widerum Folgen haben kann (sexuell, Gewaltbereitschaft, Risikoverhalten …)
So kannst du aufzeigen, dass Folgen entstehen, an die man in keinster Weise gedacht hat beim Thema „Auswirkungen von Suchtverhalten" – also psychische Auswirkungen und Verhaltensänderungen.
Wichtiges Argument für die Bewusstmachung der Suchtgefährdung: Diese Folgen verdeutlichen den einmaligen Alkoholkonsum – was muss erst passieren, wenn regelmäßig Alkohol konsumiert wird? …

M5 „M 1 Alkohol"

„Rückläufige Entwicklung des regelmäßigen Alkoholkonsums" – gut geeignet als Einleitung, aber sofort dagegenhalten: „Fast Verdreifachung der Krankenhauspatienten mit akuter Alkoholvergiftung im Alter zwischen 10 und 20 Jahren innerhalb von acht Jahren"
Ganz wichtiges Argument, um die Notwendigkeit herauszustellen, Jugendlichen die Gefahren einer Alkoholsucht bewusst zu machen – muss noch belegt werden mit den konkreten Zahlen.

Mögliche Zitate oder Aussagen miteinbeziehen:

- Ein Gläschen in Ehren kann niemand verwehren. *(deutsches Sprichwort)*
- Ein bisschen Alkohol kann doch nicht schädlich sein. *(falsch)*
- Alkohol ist ein Kulturgut.
- In osteuropäischen Ländern wird noch mehr getrunken als in Deutschland. *(falsch)*
- Werbung für alkoholische Getränke führt nicht dazu, dass mehr Leute Alkohol trinken. *(falsch)*
- Alkohol ist gesund und senkt das Risiko für Herzerkrankungen. *(falsch)*

!

Tipp: Stellen Sie zu einem Thema, etwa „Süchtig werden durch Computer?", die Aufgabe:

1) Was hast du in deinem Kompendium dazu?
2) Welche Informationen fehlen dir?

In 10 Minuten „testen" die Schüler die Qualität ihres Kompendiums.

SH 38–43

Computersucht – Onlinesucht – Sucht ohne „Stoff"?

Verhaltenssüchte wurden bereits mehrfach angesprochen. Die Seiten 38 bis 43 stellen einige Formen dieser in den Mittelpunkt und bilden eine Einheit.
Ganz sicher werden Sie bei den Jugendlichen dabei bemerken, dass diese Thematik bei ihnen auf „Abwehr" („Nun sollen wir auch noch das Handy, unseren Spaß im Internet und Computerspiele in Frage stellen …") stoßen kann.
Erinnert sei daher an die Hinweise in der Sachanalyse zum unterschiedlichen Nutzungsverhalten und zu Kommunikations- und Ausdrucksformen von Jugendlichen, die wir respektieren müssen, ohne dass wir dabei bei Defiziten oder gar Fehlentwicklungen wegschauen.
Eine Abstinenz ist weder möglich, noch sinnvoll:
Es ist wichtig, dass die Jugendlichen erkennen, dass die neuen Medien auch Risiken und ein Abhängigkeitspotenzial enthalten. Wer deren Risikofaktoren (bzw. die im eigenen Nutzungsverhalten) kennt, kann leichter Schutzfaktoren finden, z. B. in Form von Beschränkungen oder Zeitlimits.

Kriterien zur Erkennung einer Online- oder Computerspielsucht

- Nutzung mindestens fünf Stunden am Tag
- Verschlechterung der Schulnoten
- Schlafmangel, Übermüdung
- häufigere Streitigkeiten mit Eltern und Freunden
- lustlos und gereizt, wenn das „Suchtmittel" nicht verfügbar ist
- weniger Kontakt zu Freunden, Vernachlässigung bisheriger Gewohnheiten und Kontakte
- körperliche Beschwerden durch Bewegungsmangel
- Gewichtszunahme aufgrund ungesunder Ernährungsweise
- Gewichtsverlust durch Mangel an Zeit für Essen und Trinken
- häufige Erkrankungen
- Stimmungsschwankungen

Die Seiten im Überblick:

SH 38

Mittels der Aussagen der Karikatur auf Seite 38 wird versucht, das Phänomen „Computersucht" allgemein zu beschreiben. Dazu zählen neben dem Spielen auch das Verweilen im Internet, stundenlanges Chatten, Verweilen in sozialen Netzwerken usw.

SH 39

Auf Seite 39 werden anhand der vorgegebenen Phasen einer Verhaltenssucht die Merkmale der gewählten „Situation / des Verhaltens" ergänzt. Das können Kaufsucht, Spielsucht oder die dargestellte Online- bzw. Computerspielsucht sein.

SH 40–41

Diese stellen Informationen zur Onlinesucht und insbesondere zur Computerspielsucht bereit bzw. fordern auf, sich die Dokumentationen im Internet anzuschauen. Die ausgewählten Beiträge sind übersichtlich und sehr informativ.

!

Tipp: Eine Gruppe lädt die Beiträge (so weit wie möglich) herunter, sodass sie am PC in Ruhe mit Wiederholungen wichtiger Sequenzen, Zeit zum Notieren von wichtigen Statements oder Zahlen angeschaut werden können.

SH 42

Wie die im Analyseteil vorgestellte Broschüre der BZgA zur Computerspielsucht bemühen sich auch Jugendämter und Institute, Jugendliche zu einem Überprüfen ihres Verhaltens zu motivieren. Wir bedanken uns beim ServiceBureau Jugendinformation und dem Landesinstitut für Schule in Bremen für die Checkliste „BIN ICH SÜCHTIG?"

Auswertung:

Das Ergebnis der Auseinandersetzung erfolgt in zwei Formen:

1) Wie auf Seite 40 vorgeschlagen, in Form der PMI-Methode. Diese erfolgt am Ende der Untersuchung und wird ergänzt.
2) In Form der Ausformulierung von Regeln und Schutzmechanismen sowie in Vorschlägen zur Steigerung der Medienkompetenz (SH 43).

Dabei wird auf die Checkliste „BIN ICH SÜCHTIG?“ des ServiceBureaus Jugendinformation zurückgegriffen.
Der Artikel „Computersucht – was ist das?“ (SH 42) hilft dabei.

Der Suchtmechanismus

SH 38

1. Die Karikatur verdeutlicht typisches Suchtverhalten, das auch auf andere nichtstoffliche Suchtmittel übertragen werden kann.

Situation:

Alleine vorm Computer, an den Computer gefesselt (Zeichen für Glücksgefühle am Computer, auf die er nicht verzichten möchte), bei Spielen hoffen auf das nächste Level, den nächsten Erfolg; bei Gilde-Spielern: die Gruppe muss den Erfolg schaffen; Isolation von Gleichaltrigen, die draußen ihre Freizeit verbringen, Essen wird nebenbei erledigt (ungesund), schlechte/eingeengte Körperhaltung, keine Wahrnehmung von Geschehnissen um ihn herum (sitzt wie unter einer Glasglocke – abgeschottet von der Realität, von Freunden, von frischer Luft, von Abwechslung, von seinen Pflichten)

2. Auch denkbar bei:

Handynutzung in allen Lebenslagen, exzessives Fernsehen, permanentes Einkaufen, ständiges Essen, exzessives Sporttreiben, Aufenthalt in Spielhallen …

Lösungsvorschläge für die Tabelle können an dieser Stelle nur allgemein sein, da der Schüler ja unterschiedliche Situationen wählen kann.

3. Die Beschreibung des Suchtmechanismus':

SH 39

Entwicklungsetappen		Auslöser/Ursache	Meine gewählte Situation	
1	normales Ausweichverhalten, Ersatzhandlung suchen	genervt, frustriert sein, Unlust, negative Gefühle kompensieren	Eine gestellte Aufgabe wird nicht gelöst, stattdessen macht man etwas anderes, was einen ablenkt und auch in einen Zustand der Zufriedenheit versetzt.	Erst nimmt sich der Mensch den Drink
2	häufigeres Ausweichen vor der unangenehmen Situation macht das „neue" Verhalten einfacher	Ärger, Zorn und negative Gefühle entwickeln	Bei der wiederholt gleich gestellten Aufgabe oder Anforderung nimmt die Motivation, sie zu erledigen, immer mehr ab. Wir tun wieder das, was uns stattdessen mehr Freude bringt.	
3	kurzzeitige Verbesserung der Situation	Ersatzbefriedigung beseitigt Unzufriedenheit	Indem wir die Ersatzhandlung ausführen, scheinen wir die Aufgabe zu vergessen, wir halten uns an dieser neuen Tätigkeit daher länger auf.	
4	Probleme verstärken sich	will sich damit nicht beschäftigen, muss Leistungen vortäuschen	Die nicht erledigte Aufgabe holt uns ein und neue kommen dazu, z. B. auch Ärger mit den Eltern, weil wir unseren Pflichten nicht nachgekommen sind.	
5	Schmerzgrenze: Folgen und Aufwand seines Verhaltens stehen in keinem Verhältnis mehr zu dem ursprünglichen Problem	Stress, verwendet viel Zeit für die Ersatzbefriedigung und die Vortäuschung	Man versucht nun gar nicht erst, seine Aufgaben zu bewältigen, stattdessen erfreut man sich an dem Gefühl, das einem die Ersatzhandlung gibt; Zeitumfang und Intensität der Ersatzhandlung nehmen zu.	Dann nimmt sich der Drink den Drink
6	Ärger mit den Eltern – lügen, betrügen	Konfrontation mit der Realität; will Fehlverhalten nicht eingestehen	Die Ersatzhandlung hat Priorität gegenüber anderen Dingen; man gerät in Erklärungsnot, redet sich die Ersatzhandlung schön.	
7	Freundschaften zerbrechen, soziale Kontakte ändern sich – neue „Freunde"; Schwierigkeiten in Schule und Beruf	„neues" Verhalten verstärkt sich, schlägt Warnhinweise in den Wind	Immer häufiger verwendet man die Ersatzhandlung, weil man sich da nicht rechtfertigen muss, das führt dazu, dass man immer mehr Zeit alleine verbringt (oder mit Gleichgesinnten).	
8	alles wird zum Selbstläufer	Schmerzgrenze überschritten; keine Ziele, keine Selbstdisziplin, mangelnde Einsatzbereitschaft und Normen	Das Ersatzverhalten hat sich automatisiert, der Griff dazu wird als normaler Tagesinhalt empfunden, dadurch geht die Realität an einem vollkommen vorbei.	Dann nimmt sich der Drink den Menschen
9	Abhängigkeit/Sucht	kann ohne das Suchtmittel nicht mehr auskommen; sucht keine Lösung mehr für seine Probleme	Das Suchtmittel bestimmt das Leben, es ist unvorstellbar, eine Zeit lang ohne auszukommen.	

Die virtuelle Welt als Droge?

SH 40–42

Das Ergebnis der PMI-Methode

Vorteile der Computernutzung +	Kritische Nutzung/Gefährdungen – Suchtverhalten –
– Förderung von Medienkompetenz – Arbeitserleichterung – Zeitersparnis – Vorbereitung auf das Berufsleben – Informationsbreite/Wissenszuwachs – tolle Spiele verschiedener Genres – auch Teamfähigkeit wird gefördert – Medienverfügbarkeit: Filme, Bilder, Musik ... – Spaß, Unterhaltung – Entspannung	– hoher Zeitaufwand – Unsicherheit der eigenen Daten – „Ertrinken" in Informationen – Verirren in der Informations-, Bilder und Filmflut des Internets – von Technik abhängig machen – mündliche Kommunikation vernachlässigen – Entfremdung von der Realität – einseitige Nutzung, z. B. nur für Spiele – Gefährdungen durch einzelne Spiele und deren Beeinflussung des Belohnungssystems möglich – Onlinespiele können zu hohen Ausgaben führen

Beurteilung/Urteil:

Die Beurteilung der Fakten erfordert eine differenzierte Stellungnahme, bei der die wichtigsten Fakten noch einmal herausgestellt werden. Anschließend wird argumentiert, wie und wodurch möglichen Gefährdungen bzw. Abhängigkeitsverhalten entgegengewirkt werden kann.

Daraus ergibt sich der Aufbau einer möglichen Erörterung:

1) Darstellen der wichtigsten Vorteile, Notwendigkeiten der Nutzung der neuen Medien
2) Vorstellen zentraler Gefährdungspotenziale
3) Beurteilung – Konsequenz:

Beim Nutzen der Neuen Medien ist mein Verhalten besonders gefordert ...
Ein Abstinenz ist nicht möglich, ja wäre sogar kontraproduktiv, da dadurch viele Vorteile wie ... nicht genutzt werden können.
Medienkompetenzen bei ... sind nötig, dies bedeutet für mich ...
Um Gefährdungen auszuschließen, sollen/müssen ...

Die Auswertung und die Argumentation können auch auf die „Computerspielsucht" eingeschränkt werden.

Computersucht – Sich Grenzen setzen

SH 43

Aus der Sicht Jugendlicher können natürlich weitere Pro- und Kontraargumente formuliert werden. Wichtig in der Bewertung ist, dass nicht die persönlichen Meinungen der Schüler, sondern fundierte Begründungen vorgebracht werden. Hieraus können dann auch die Regeln für die sinnvolle Nutzung von Medien (SH S. 43) abgeleitet werden, z. B.:

- festlegen, wann der „Aus-Knopf" gedrückt wird
- Festlegung auf maximale Nutzungszeiten pro Tag, Woche, Monat
- Suchtkonzept bei Internetrecherche erstellen
- zunächst müssen Pflichten erledigt sein
- nicht am PC essen
- keine persönlichen Daten im Netz freigeben
- Computer einmal einige Tage auslassen
- aufpassen bei Online-Gebühren, „Zukäufe" für Onlinespiele kontrollieren
- nicht nachts spielen – aufpassen bei Verabredungen mit Mitspielern (Gilde)
- mit Eltern über Computerspiele offen sprechen

Begriffsdefinition „Medienkompetenz"

Verantwortung der Eltern erfordert Medienkompetenzen

- die Fähigkeit, Medien und ihre Inhalte den eigenen Zielen und Bedürfnissen entsprechend verantwortungsbewusst zu nutzen
- „Kindern den richtigen und sicherheitsbewussten Umgang mit den Medien zu vermitteln sowie ihre Fähigkeit zu fördern, selbstbestimmt, kreativ und sozial verantwortlich die neuen Angebote zu

nutzen, ist eine wesentliche Aufgabe der Eltern. Diese Medienkompetenz müssen Kinder genauso erlernen wie Lesen und Schreiben", so Dr. Wolf Hammann, der Vorsitzende der Polizeilichen Kriminalprävention der Länder und des Bundes und Landespolizeipräsident von Baden-Württemberg. Denn neben den Chancen und Möglichkeiten, welche die neuen Medien bieten, bergen sie auch Risiken und Gefahren. Diese reichen von gewalthaltigen und jugendgefährdenden Inhalten im Internet über Gefahren beim Chatten bis hin zu Problemen, die beim Verstoß gegen das Urheberrecht entstehen können, wenn etwa Musikdateien heruntergeladen oder lizenzierte Spiele kopiert werden. Auch die unkontrollierte Nutzung des Handys und der unüberwachte Konsum von PC- und Onlinespielen können sich negativ auf den „Geldbeutel" und vor allem auf die Entwicklung des Nachwuchs' auswirken. Doch nur wer sich selbst auskennt, kann diese Medienkompetenz auch an Kinder und Jugendliche weitergeben.

Quelle: http://www.qualiboxx.de/wws/kw50-klick-mit-tausend-risiken.php

SH 44

Warum wird der eine süchtig – und der andere nicht?

Im Grunde genommen ist es wichtig, die Risikofaktoren bei der Suchtentstehung zu identifizieren, denn in ihrer Umkehrung können daraus die Schutzfaktoren abgeleitet werden, z. B.:

Risikofaktor: fehlende positive Vorbilder in Familie und Freundeskreis
Schutzfaktor: Eltern leben eine kritische Einstellung und einen verantwortungsbewussten Umgang mit Suchtmitteln vor

Auf den Seiten 44 und 45 werden Risikofaktoren zusammengetragen – in Auswertung des Impulstextes 1 und weiterer Materialien im Kompendium. Auch die angekreuzten schwerwiegenden Ursachen (siehe Seite 45) weisen auf Risikofaktoren hin. Alle Ursachen sind natürlich nachvollziehbar, hier geht es aber darum, für sich selbst zu entscheiden, wo man die größten Gefahren sieht und dies dann argumentativ begründet.

Die Risikofaktoren/das Suchtmittel

- Abhängigkeitspotenzial
- Wirkungen im Gehirn
- Häufigkeit des Konsums
- leichte Verfügbarkeit

Persönliches Umfeld

- Suchtmittel konsumierende Freunde
- emotionale Vernachlässigung durch die Eltern
- Suchtkrankheiten in der eigenen Familie (positive Einstellungen zu Suchtmitteln in der Familie/Freundeskreis)
- Gruppendruck (Peergroup)

Genetische Veranlagung

- körperliche Konstitution beeinflusst Wirkung von psychotropen Substanzen
- Probier- und Risikobereitschaft
- Suchtmittel aktivieren das Belohnungssystem im Gehirn

Eigene Persönlichkeit

- fehlendes Selbstwertgefühl
- fehlende Konfliktfähigkeit
- Aggressionsneigung
- Fehlen allgemeiner Fähigkeiten im Umgang mit Stress, Selbstzweifeln und Mitteilung eigener Wünsche und Sorgen
- emotionaler Stress/Versagensängste
- Schwierigkeiten bei der Verarbeitung von Schicksalsschlägen/Verlusten
- geringe Frustrationstoleranz

Gesellschaftliches Umfeld

- Verführungen, Suchtmittel als „normal" anzusehen (z. B. Fernsehen, Kino, Volksfeste)
- Probleme in der Schule/am Arbeitsplatz
- Regelungen zur Verfügbarkeit (Jugendschutz, ...)
- Wirtschaftsfaktor „Sucht" (Steuereinnahmen, ...)
- Leistungsdruck
- Reizüberflutung

Risiko- und Schutzfaktoren

SH 45

Impulstext 1 nennt folgende Risikofaktoren, von denen sich dann Schutzfaktoren ableiten lassen:
Menschen möchten ihre Unvollkommenheit verdecken = ein wesentlicher Kern von Sucht.
Je mehr ich etwas verstecke, desto stärker arbeitet es in mir drin und wird immer mächtiger.
Unsere Vorstellungen von uns selbst, wie wir sein möchten oder glauben sein zu müssen, weil die Umgebung es von uns erwartet (Ich-Ideal). Der Druck, dem idealen Selbstbild und den tatsächlichen oder vermeintlichen Ansprüchen anderer genügen zu müssen, ist ein wesentlicher Kern der Abhängigkeit.
Suchtmittel verwenden („missbrauchen"), um seine Grenzen zu überspielen: nicht so schnell, leistungsfähig, gelassen, attraktiv oder redegewandt ist, wie er/sie es gerne wäre. Suchtmittel erleichtern den inneren Druck. Dann ist der Zensor im Kopf leiser, der immer sagt: Du bist zu dick. Du bist zu langsam. Du kannst keine Vorträge halten. Du hast sowieso keine Chancen bei Frauen et cetera.

Daraus leiten sich als Schutzfaktoren ab:

- Schwächen und Unvollkommenheiten gehören zum Menschen – diese akzeptieren.
- Sich nicht selbst unter Druck setzen; Ansprüche und Anforderungen anderer (der Werbung, der Mode, der „Vorbilder" in Medien …) widerstehen lernen.
- Ich muss meine eigenen Grenzen erkennen und verstehen. Hilfe, Unterstützung in Anspruch nehmen.
- Keine Suchtmittel zum Überspielen von Unsicherheit oder anderen Grenzen verwenden: das Gehirn (Belohnungssystem!) gewöhnt sich daran; ich „erlerne" meine Sucht.
- Mitmenschen positiv bestärken und damit deren Selbstwertgefühl aufbauen.

Weitere Risikofaktoren:

- keine alternative, abwechslungsreiche Freizeitgestaltung
- Abhängigkeit einer Bezugsperson
- überzogene Selbstansprüche/Ansprüchen anderer genügen wollen
- Gewöhnung an Ausweichverhalten verschiedener Art/Konsum von Stoffen oder auch Verhaltensweisen
- eigene Schamgrenze nicht überwinden können
- Selbstverleugnung
- kein Rückhalt im Arbeitsalltag
- keine Hilfe annehmen wollen
- Problemen aus dem Weg gehen/die Konfrontation scheuen …

Das Tankmodell

SH 46–47

Das Tankmodell von Christoph Lagemann geht von einem „Seelenvorrat" aus, einem Repertoire, mit dem der Mensch auf angenehme aber auch auf unangenehme Situationen seiner Umwelt reagieren kann.
Menschen brauchen einen Vorrat an „Treibstoffen" in ihrem „Tank", damit sie für das Leben gerüstet sind und sich wohlfühlen. Gute Gefühle wie Liebe und Geborgenheit, Freundschaften und Freiheit usw. füllen diesen „Seelentank". Wie alle Tanks, ist auch dieser mal mehr, mal weniger gefüllt. Wie bei allen Tanks ist es natürlich auch notwendig aufzutanken.

Die Fragen, die dieses Modell beantworten möchte, sind:

- Was sollte ein Tank enthalten, damit es einem Menschen gut geht und er gegen Risiken geschützt ist?
- Woher bezieht der Mensch den Tankinhalt?
- Welche Tankstellen hat er dafür?
- Was geschieht, wenn der Tank leer ist?
- Wodurch kann dieser Tank verschlossen werden?

SH 46

Schülerinnen und Schüler finden leicht viele persönliche Tankinhalte und Tankstellen:

Unsere Tankstellen:

Familie
Freunde
Partnerschaft
Familie
Freunde
Schule/Beruf
Sport
Hobby
Genussmittel
Freiräume
besondere Orte
Natur

SH 47

Schädliche Ersatztankstellen:

Alle Suchtmittel, die aus Gewöhnung oder in kritischem Umfang verwendet werden.

Ursachen für Suchtentstehung:

Ein Suchtverhalten im Tankmodell entsteht dann, wenn jemand ständig nur mehr eine besonders leicht zugängliche Tankstelle, etwa Nikotin oder Alkohol, benutzt.
Besonders dann, wenn andere Tankstellen nicht oder nicht mehr aktivierbar sind (Streit mit der besten Freundin, Probleme in der Schule, Liebeskummer, Trennung der Eltern), besteht die Gefahr, sich immer „mehr vom Selben" zuzuführen. Durch das ständige Tanken an nur einer Tankstelle kann Sucht entstehen.
Das Tankmodell erklärt auch, wie man sich vor Sucht schützen kann: Man muss über unterschiedliche Tankstellen verfügen und dafür sorgen, dass diese auch „offen" bleiben. Das heißt z. B., den Anforderungen des Lebens nicht auszuweichen, sondern z. B. den Streit mit der Freundin zu klären, sich bei Schulproblemen Hilfe zu holen, Konsumgewohnheiten überprüfen etc.

- Das Tankmodell von Lagemann ist ein ressourcenorientiertes Modell, das sich mit Schülerinnen und Schülern recht einfach erschließen lässt.
- Je mehr Tankstellen vorhanden sind, umso stabiler ist der Zustand; je weniger, desto größer die Gefahr eines süchtigen Verhaltens.
- Es veranschaulicht Gründe für ein Suchtverhalten im Fehlen oder dem Ausfallen von „guten Tankstellen" und dem Verwenden „schlechter Tankstellen". Bei einem fast leeren Tank besteht die Gefahr, diesen ersatzweise durch den Konsum von Suchtmitteln oder durch ein Suchtverhalten zu füllen, dessen Leere zunehmend durch ein Suchtverhalten auszugleichen. Der Missbrauch tritt ein.

Der „Verschluss“ erfolgt, wenn der „Einfüllstutzen“ des Tanks mit Suchtmitteln blockiert wird. Ein Verschluss führt dazu, dass die guten Alternativen buchstäblich ausgesperrt bleiben.
„Gesundsein“ bedeutet daher:

- mit dem Auf und Ab im Tank umgehen zu können
- das Gleichgewicht beizubehalten
- genießen zu können
- viele positive Tankstellen zu verwenden, um die menschlichen Ressourcen aufzufüllen

Gewöhnung =	**Abhängigkeit =**
Der Griff zu einer Ersatzhandlung ist weit verbreitet und etwas fast Alltägliches. Hinter veränderten Essgewohnheiten, dem Griff zu Alkohol und Medikamenten, stundenlangem Fernsehen oder dem ständigen Vergraben in Arbeit, steht häufig der Versuch, unangenehme Gefühle, Probleme und Unzulänglichkeiten nicht an die Oberfläche treten zu lassen. Die positiven Ziele wie Anerkennung, Genuss, Sicherheit, Liebe usw. können dadurch nicht erreicht werden (= „Am falschen Ort nach dem Richtigen suchen“). Verwendet ein Mensch Suchtmittel, besteht die Gefahr der Gewöhnung: Der Tank füllt sich zunehmend mit einem Suchtmittel; dadurch bleiben wichtige „Seeleninhalte“ außen vor. Kontakte werden weniger, statt Selbstvertrauen und Sichstellen der Belastung wird ein Suchtmittel missbraucht ...	Der Tank füllt sich zunehmend mit einem Suchtmittel; Entspannung, Genuss, Erfolgserlebnisse, Freundschaften und sozialen Kontakten ist der Zufluss verstopft. Steigt die Unzufriedenheit, wird unkontrolliert nachgefüllt ... Die „richtigen Tankstellen“ werden nicht mehr „angefahren“ und verwendet.

Gewöhnung und eine Abhängigkeit verhindern das Auffüllen des Tanks mit neuem, frischem Treibstoff und das Anlaufen von positiven Tankstellen. Der Betroffene gewöhnt sich an einen statischen Zustand, den er keiner Dynamik mehr ausliefern möchte. Er hat viel von seiner Freiheit verloren.

Baumstamm = Verschluss des Tanks durch ein Suchtmittel, das „Richtige“ kann nicht mehr aufgefüllt werden.
Wenn entfernt: Seelentank kann wieder positiv (mit dem „Richtigen am richtigen Ort“) gefüllt werden; der Betroffene öffnet sich wieder, er kommt „in Gang“. Der Tankinhalt kann sich erneuern.

Eingreifen bevor es zu spät ist – Prävention

SH 48–49

Eine wirkungsvolle Prävention muss natürlich auch die gesellschaftlichen, sozialen und wirtschaftlichen Einflüsse umfassen.
Die Prävention *in der Schule* ist eine ganzheitliche Aufgabe der Gesundheitsförderung. Ein gutes und vertrauensvolles Klassen- und Schulklima fördert einen verantwortlichen und suchtfreien Lebensstil.
Die altersgerechte Information über psychoaktive Substanzen, über Suchtformen und deren Ursachen und das Aufklären über Mythen sind dabei wichtige Bausteine, mit denen sich die Jugendlichen im bisherigen Unterrichtsverlauf umfassend auseinandergesetzt haben. Sie bilden eine wichtige *kognitive Basis* für die Förderung personaler und sozialer Handlungskompetenzen.
Das Recherchieren zu einzelnen Präventionskampagnen für Jugendliche ist eine gute Möglichkeit, sich Anregungen zu holen. Entstehen soll eine eigene Kampagne – etwa ein „10-Punkte-Programm“, die/das sich an diesen Angeboten orientiert, aber doch eine eigene Zusammenstellung je nach eigener Gewichtung darstellt. Die Hinweise sollten nicht zu umfangreich sein, jugend-

gerecht formuliert und dargeboten sein sowie eine kleine „Checkliste“ enthalten, mit der man überprüfen kann, inwieweit man bereits seine eigene Gesundheit durch ein Suchtverhalten gefährdet. Auch ein treffender Name wäre der Wirksamkeit der Kampagne zuträglich.
Drei solcher Kampagnen stellt das Schülerheft auf den Seiten 48 und 49 vor.

www

Weitere Kampagnen zum Recherchieren:

„Na klar!“	http://www.praevention-na-klar.de/front_content.php?idart=32
„Meine Abwehr steht“	http://www.ag-kobra.de/
„HaLT – Projekt“ Hart am LimiT	http://www.lrasw.de/gesundheitsamt/Suchtpraevention-HaLT-Hart-am-LimiT_Sozialer_DienstSuchtpraeventionHaLT_Projekt_66_kkmenue.html
„Unser Fest soll schöner werden“	http://www.fair-fest.de/
„Spielverderber“	http://www.gesundheitsamt-bw.de/ML/DE/Gluecksspiel/Seiten/default.aspx
„Der Automat gewinnt immer“	http://www.faules-spiel.de/front_content.php

Ein **„Wirksames 10-Punkte-Programm für Jugendliche zum Schutz vor Sucht und Abhängigkeit“** umfasst natürlich auch Anregungen zur Verbesserung der Jugendschutzgesetze und Vorschläge zu gesetzlichen Regelungen, etwa um die Verfügbarkeit von Suchtstoffen einzuschränken, um Verursacher „in die Pflicht zu nehmen“ usw.

Zu den Möglichkeiten der **Familie** lassen sich einige Ideen entwickeln:

- Vertrauensverhältnis zwischen Eltern und Kindern
- Vorbildfunktion der Eltern
- Medienkompetenz der Eltern und die Bereitschaft, sich darüber vorurteilsfrei mit den Kindern auszutauschen
- miteinander Regelungen, z. B. bei der Nutzung des Computers, finden
- Information für Eltern, damit sie Bescheid wissen und Probleme erkennen können

SH 49

Schule

Die „10 Punkte“ könnten

- das Klassen- und Schulklima ansprechen
- Vorschläge zur Information (Unterricht, Projekte, Elternabend, Einbeziehung von Fachleuten usw.) entwickeln
- Ansprechen, wie Lehrerinnen und Lehrer ihre Schülerinnen und Schüler unterstützen können

SH 50

Seine persönlichen Fähigkeiten erkennen und stärken

Die Persönlichkeitsstärkung steht im Zentrum.
Dies zeigen auch die Vorschläge, die Antje Brunnabend in der Zeitschrift Stern „Gesund leben“ vorstellte. Deren Begründungen sollen die Jugendlichen selbstständig ergänzen.

Einige Beispiele dazu:

Das Gebot *„Du sollst dein Gehirn nicht fehlprogrammieren“* fordert uns auf, zu berücksichtigen, dass eine Sucht erlernt wird. Jeder Einzelne muss auf sein Verhalten achten, um aufgrund seines Wissens über die Ergebnisse der Hirnforschung früh zu erkennen, wann eine Gewöhnung beginnt, die uns in die Suchtspirale zwingen kann.

„Du sollst auf dich und andere achten" ist eine wichtige Forderung. Wir müssen uns gegenseitig unterstützen, von Suchtverhalten Betroffene nicht als „schwach" abstempeln, sondern ihnen Unterstützung anbieten. Das geht gerade im Freundeskreis, gerade in der Klassengemeinschaft. Das bedeutet auch, uns untereinander zu bestärken, ein Klima zu schaffen, das nicht ausgrenzt, das auch Andersartigkeit akzeptiert, das dazu beiträgt, dass Menschen nicht unter Minderwertigkeitskomplexen leiden.

„Wappne dich gegen die Verführungen der Medienwelt". Die Psychologen, die dieses Gebot auswählten, verstehen darunter nicht nur der zwanghaften Selbstinszenierung, die in Medien praktiziert wird, sondern auch bedrohlichen Formen wie Kaufsucht, Sex- und Glücksspielsucht durch das Internet zu widerstehen. Diese Droge ist Tag und Nacht verfügbar, eine soziale Kontrolle nicht vorhanden.

„Du sollst vielseitig sein" und *„Du sollst dich langweilen"* stellen Schutzfaktoren in den Mittelpunkt, an denen jeder mitarbeiten kann, um im Sinne des „Tankmodells" ein sinnerfülltes und gesundes Leben zu gestalten.

Wir können in unserem Rahmen kein Training anbieten, das die „Life Skills" trainiert. Viele Schulen haben solche Angebote in das Schulprofil integriert, darauf lässt sich dann zurückgreifen. Dennoch können wir vieles auf den Weg bringen und auch tun, um am „am falschen Ort das Richtige zu suchen".

Die Vorschläge „Vertraue deinen Stärken", „Genießen können", „Mit Belastungen umgehen lernen" und „soziale Bindungen pflegen" stellen dazu Anregungen und Empfehlungen vor:

Vertraue auf deine Stärken

- Es tut gut, sich einmal zu vergewissern, was und dass man einiges kann!
- Sich gegenseitig zu bestärken und zu sagen, was man aneinander schätzt, sollte zu unserer Schulkultur gehören (Kultur des Lobens und Unterstützens).
- Wer durch Eigenbeobachtung weiß, wann und wodurch er sich wohl und aufgehoben fühlt, erkennt die richtigen „Tankstellen" leichter und benutzt sie auch mehr. Durch diese Eigenbeobachtung lässt sich auch manche „Ersatzhandlung", z. B. durch Suchtmittel oder ein Suchtverhalten erkennen und vermeiden.

Genießen können

„Verweile Augenblick, du bist so schön!" Genuss kann kein Dauerzustand sein. Die Faust'sche Hoffnung trügt und würde, modern gesprochen, zur Abhängigkeit beitragen.
Genuss ist der Moment, der uns gehört, in dem wir ruhig, ausgeglichen, mit uns und der Welt in Einklang sind. Der – noch so gute „Rote" ist kein Genuss, wenn er zum Rausch führt und getrunken wird, weil Entspannung sonst nicht mehr erreicht werden kann. Die Entspannung durch Nikotin ist kein Genuss, (auch nicht „im Stil der modernen Zeit"), sondern eine Beeinflussung durch eine schädliche Substanz!
Die Freude am Computerspiel, der Genuss der virtuellen Welt, geht verloren, wenn wir ihm hinterherhetzen, ständig neue Impulse und Erfolge brauchen. Ständig mehr und Neues sind Zeichen der Unfähigkeit zu genießen.
Wenn ich etwas Tolles erleben möchte – ein prima Ziel. Das sollten wir öfter für uns beanspruchen – ohne Suchtmittel. Wie können wir das erreichen, auch miteinander? Das sollten wir hier und da prüfen.

Mit Belastungen umgehen können

Das sagt sich leicht – aber wir sollten aufpassen, wie wir auf Belastungen reagieren:

- Das Essen als Belohnung ist ungesund, wir essen dann zu viel oder ungesund.
- Sich mit einem Einkauf zu belohnen, führt vor allem viele Frauen in eine Kaufsucht.
- Das Aushalten einer Belastung durch die Hoffnung nach einem „Ersatz danach“, etwa in Form von exzessivem Spielen oder Entspannungstrinken, ist gefährlich.
- Es ist gut, sich darüber einen Eindruck zu verschaffen, wie man selbst mit Enttäuschungen umgeht: Erfolgt der Griff zur Zigarette, muss es das Versinken vor der Glotze sein …?
- Es ist gut, wenn man Freunde hat, Eltern, Menschen, denen man sich anvertrauen kann. Die Pflege der Beziehungen ist sehr, sehr wichtig. Wir sollten uns manchmal die Schwäche leisten, uns helfen zu lassen.

Soziale Bindungen pflegen

Unsere Zeit ist durch Hektik und Effizienzstreben geprägt. Alles, ja beinahe wirklich alles, wird auf den Prüfstand gestellt, muss „billiger“ und „effizienter“ werden.
Achtung: Soziale Bindungen brauchen Zeit und werden nicht nach „Effizienz“ berechnet. Ein Freund ist da, wenn man ihn braucht, nicht wenn es die Effizienz erfordert.
Wer anderen gegenüber offen und hilfsbereit ist, dem wird man auch so begegnen (zumindest einige werden so reagieren).
Viele Verhaltenssüchte führen zu einem Rückzug, oder könnte man auch sagen, wer wenig Beziehungen pflegt, ist stärker gefährdet, er sucht nach seinem Suchtmittel?
Nein sagen ist heute wichtiger denn je. Zu sich selbst und zu anderen. Das ist für viele Jugendliche in der Clique, im Zwang der Gruppe und in der Beeinflussung durch Werbung und dem Vermitteln von Minderwertigkeitskomplexen (schön sein, stark sein, in sein, schlank sein …) sehr, sehr schwer.
Wenn wir Nein sagen, sollten wir begründen, warum wir dies tun, ruhig, sachlich.

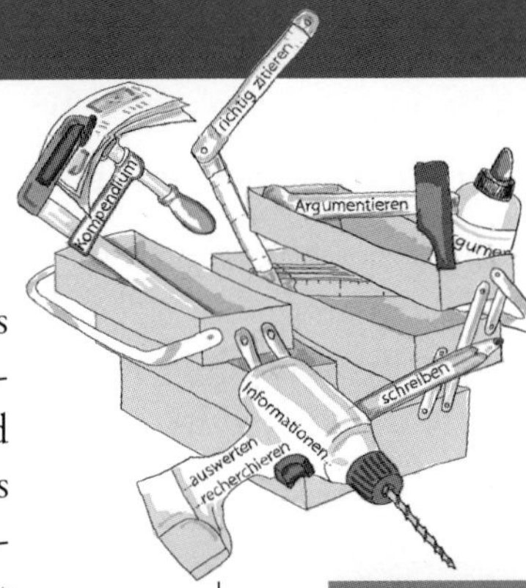

Der Handwerkskoffer

Der bewährte Handwerkskoffer dient den Schülerinnen und Schülern zum einen als Nachschlagewerk für die Tätigkeiten beim Argumentieren und beim Verfassen von argumentativen Schreibaufgaben. Zum anderen gibt er Hilfestellung zum Organisieren und Verwenden der Kompendiumsquellen. Die einzelnen Elemente des Handwerkskoffers sind eingebettet in die Arbeit mit Einzelargumenten, die in übergreifende Schreibaufgaben integriert werden können, und in zwei übergreifende Schreibaufgaben, zu denen mit der Arbeit am Handwerkskoffer die Vorarbeit geleistet wird.

SH 51–U

Argumente aufbauen:

SH 51

Ein Musterbeispiel soll Vorbild sein, um intensiv mit den Schülern Aufbau und Gestaltung von Argumenten nachzuvollziehen, Behauptungen, Begründungen, Belege zu identifizieren und Argumente nach ihrer Schlagkraft zu beurteilen. Eigene Argumente sollten immer wieder kritisch untersucht und überarbeitet werden. Auch das Entnehmen und Einbinden von Informationen aus Texten, Statistiken, Diagrammen und Karikaturen in Argumente eigener Texte muss stetig geübt werden.

	These	Begründung	Beleg	Beispiel
1	Glücklich sind wir, wenn wir mit Freunden trinken, rauchen, tanzen.	Glücklichsein über den Konsum von legalen Drogen zu definieren, ist sehr gefährlich, denn hierbei besteht hohes Suchtrisiko, da man die gesundheitlichen Risiken unterschätzt und den Drogenkonsum als „normal" und notwendig ansieht.	Das Gehirn gewöhnt sich an die Zufuhr von Suchtmitteln und den dadurch erhöhten Dopaminausstoß – die Dosis wird gesteigert werden müssen.	Wenn auf jeder Party Alkohol und Nikotin konsumiert werden, ist das ein regelmäßiger Konsum.
2	Rauchen ist immer noch besser als Drogen zu nehmen.	Das Zigarettenrauchen wird gesellschaftlich toleriert und verharmlost, der Begriff „legale Droge" eigentlich ausgeblendet. Aber Rauchen ist bereits Konsumieren von Drogen und somit keinesfalls ungefährlicher als etwas anderes, denn Nikotin hat ein besonders hohes Suchtpotenzial.	Zigaretten sind leicht und überall verfügbar, die Gefährlichkeit zeigt sich in den dramatischen Zahlen der etwa 300 Nikotintoten täglich und 3300 toten Passivrauchern jährlich.	Wenn eine Mutter sagt: „Mein Kind raucht doch nur, Hauptsache, es nimmt keine Drogen.", so stuft sie das Rauchen als nicht so schlimm ein wie Drogenkonsum. Daher ist sie zum einen sehr unwissend, denn Nikotin ist eine Droge, zum anderen lebt sie ihrem Kind eine sehr positive Einstellung zu Suchtmitteln vor.

„Wer süchtig wird, ist selbst daran schuld" – Erörterung der These

SH 52

Mithilfe dieser Vorgehensweise können die Schüler zum einen nochmals gezielt den Aufbau von Argumenten üben, zum anderen werden sie dadurch aber auch in die Lage versetzt, die Argumente der Gegenseite in die eigenen Betrachtungen mit einzubeziehen und vor allem zu entscheiden, welche Argumente am überzeugendsten/schlagkräftigsten sind.

	Begründung	Beleg	Beispiel
PRO	In gewisser Weise ist jeder selbst daran mit schuld, wenn er süchtig wird, denn der Schutzfaktor „gesundes Selbstwertgefühl" kann von jedem zumindest beeinflusst, wenn auch nicht alleinig gesteuert werden.	Ein gesundes Selbstwertgefühl versetzt einen in die Lage, auch mal Nein sagen zu können.	Nur weil alle etwas konsumieren, heißt es nicht, dass es auch gut sein muss. Wichtig ist zu erläutern, warum man nicht mitkonsumiert, das verhindert, in die Schublade „Spielverderber" gedrückt zu werden. Spaß haben geht auch ohne Alkohol!
PRO	Durch gezieltes Informieren kann sich jeder darüber klar werden, dass sich Konsum von Suchtmitteln über lang oder kurz schädlich auf den eigenen Körper bzw. auch das eigene Verhalten auswirkt.	Dass sich immer noch zu wenige anscheinend über die Auswirkungen von Alkohol informieren, zeigt die aktuelle Statistik zu den „Krankenhauspatienten mit akuter Alkoholvergiftung 2010": Fast 26 000 waren betroffen. (Quelle: Statistisches Bundesamt, 2000 bis 2009. In: Cornelia Zenner, Günter Krapp: Suchtverhalten – Abhängigkeiten im Alltag, Schülerheft. Krapp & Gutknecht: Rot a. d. Rot 2011, S. 24).	Wir haben in unserer Klasse einen kleinen Test über die langfristigen Folgen von Alkoholmissbrauch durchgeführt. Viele gesundheitliche Schäden und auch negative Auswirkungen auf die Persönlichkeit waren nicht bekannt. Das zeugt von Unwissenheit über den Alkoholkonsum.
PRO	Wichtig ist, dass jeder seine Verhaltensweisen kontrolliert. Wer oft Zeit am PC verbringt, sich dadurch von Aufgaben oder Enttäuschungen ablenken möchte, muss sein Verhalten überprüfen und gegebenenfalls ändern. Eine Sucht wird erlernt, wie die Erkenntnisse der Gehirnforschung zeigen.	Viele Jugendliche, vor allem Jungen, verbringen viel Zeit online. 2,5 bis 4,5 Stunden und mehr täglich am PC. Das weist darauf hin, dass eine Gewöhnung erfolgt ist und dass anderes vernachlässigt werden muss. (Quelle: „Verloren ... in anderen Welten. Wie Computerspiele unsere Kinder verführen. Bayerischer Lehrer- und Lehrerinnenverband 2009. In: Cornelia Zenner, Günter Krapp: Suchtverhalten – Abhängigkeiten im Alltag, Schülerheft. Krapp & Gutknecht: Rot a. d. Rot 2011, S. 39)	Ich nutze meinen Computer auch zum Spielen, auch bei zwei Online-Spielen bin ich dabei. Aber ich vernachlässige deshalb nicht meine Freunde oder Aufgaben. Wenn ich Frust habe, lenke ich mich durch Lesen ab oder jogge etwas.
PRO	Wenn man sich um Freizeitgestaltungsmöglichkeiten bemüht, ist die Gefahr gering, sich schleichend an einer Ersatzhandlung festzubeißen und sich ein Suchtverhalten anzugewöhnen. Um die richtigen „Tankstellen" kann man sich bemühen.	Der Suchtmechanismus zeigt, dass die größte Gefahr davon ausgeht, immer häufiger dieselbe Handlung zu verwenden, um einen angenehmen Gefühlszustand zu erreichen.	Geht man verschiedenen Hobbys nach, treibt man Sport oder betätigt sich im kulturellen Bereich, sind andere Möglichkeiten gegeben, Glücksgefühle und Zufriedenheit zu erleben.
KONTRA	Zum großen Teil trägt man nicht selbst die Schuld daran, süchtig zu werden, weil die Wirtschaft daran interessiert ist, ihre Produkte zu verkaufen. So ist es leicht, an legale Drogen zu gelangen.	Das scheint auch gut zu funktionieren, schließlich werden immer neue, jugendorientierte Alkoholprodukte oder „Legal Highs" auf den Markt geworfen und der Staat verdient ordentlich mit: 18,5 Mrd. Euro Steuereinnahmen waren es im Jahr 2007 durch Genussmittel.	Alkopops sind ein gutes Beispiel dafür, wie man Jugendliche an Alkohol heranführt: süß und scheinbar kaum alkoholhaltig, sind sie neben Bier die Lieblingsgetränke der Jugendlichen.
KONTRA	Oft ist es so, dass man durch Freunde animiert wird, Suchtmittel zu konsumieren. Um dazuzugehören, lässt man sich darauf ein.	Das soziale Umfeld spielt eine entscheidende Rolle bei der Suchtentstehung. Ist man vorrangig von konsumierenden Freunden umgeben, steigt die Wahrscheinlichkeit, selbst abhängig zu werden.	Gerade beim „Binge-Drinking" scheint das gemeinsame soziale Trinken eine der Hauptmotivationen zu sein.
KONTRA	Die permanente Präsenz von legalen Drogen wie Alkohol und Nikotin in der Werbung verführt regelrecht dazu, diese selbst zu konsumieren.	Mittlerweile ist nachgewiesen, dass je häufiger man Alkoholwerbung sieht, die Jugendlichen auch häufiger und vor allem früher zum Alkohol greifen.	Das ist nicht verwunderlich, zeigt die Werbung doch, dass ausgerechnet im Sport der Erfolg mit Alkohol gefeiert werden muss.
KONTRA	Gerade bei Zigaretten ist das Abhängigkeitspotenzial so groß, dass man meist schon nach der ersten das dadurch erlebte Entspannungsgefühl gerne wieder erleben möchte.	Von denen, die einmal Suchtmittel konsumiert haben, sind 32,2 % derjenigen, die es mit Nikotin versucht haben, abhängig geworden. Das ist ein höheres Potenzial als bei Alkohol und Heroin.	Die Zigarette wird als Entspannungsmittel gesehen, dabei ist trügerisch, dass eigentlich die Nikotinabhängigkeit die nächste Zigarette fordert.

Sucht geht uns alle an – auf Spurensuche im Alltag Jugendlicher

SH 55–56

Letztendlich enthält dieser übergreifende Schreibanlass, an dem gleichzeitig die Erstellung einer Gliederung, die Verwendung des Kompendiums und das Zitieren thematisiert werden, alle wesentlichen Aspekte, die das Thema „Suchtverhalten – Abhängigkeiten im Alltag" umfasst. Grundlage ist das Suchtdreieck, an dem sich die Jugendlichen orientieren können. Demnach orientiert sich die Spurensuche an folgenden Bereichen:

- übermäßiger Alkoholkonsum Jugendlicher an Fasching, auf Volksfesten, in der Clique …
- ständige Verfügbarkeit von Alkohol
- Zigarettenwerbung an öffentlichen Plätzen (z. B. Bushaltestelle)
- Versprechungen zum Effekt von Alkohol in der Werbung
- Werbung für Glücksspiel in Tageszeitungen, Präsenz der Spielhallen
- Einhaltung Jugendschutzgesetz, Probleme dabei
- Verlockungen im Internet – soziale Netzwerke
- Computerspiele, Online-Computerspiele, die das „Belohnungssystem" ansprechen
- Handy als ständiger Wegbegleiter (Ablenkung von allen anderen Dingen) u. a.

Materialien aus dem Kompendium, Beispiele:

Materialien aus dem Kompendium	Verwendung
Impulstext 1 (SH S. 4–10)	• Wen geht Sucht/Suchtverhalten an? Wie ist er involviert? • Ursachen für die Suchtentwicklung
Risikofaktoren (S. 44) – Suchtursachen Schutzfaktoren – Das Tankmodell (SH S. 46 f.) Die Übersicht auf S. 44 im SH wurde eventuell als Übersichtsplakat gestaltet. Das gibt einen Überblick über die Risikofaktoren.	• Ursachen des Suchtmittelmissbrauchs • Risikofaktoren bei der Entstehung • Schutzfaktoren als „Schild", persönliches Verhalten
Suchtmittel – ihre Verfügbarkeit (SH S. 30)	• Hinweise auf die Gründe der leichten Verfügbarkeit legaler Drogen und Suchtmittel • Suche nach Mitverantwortlichen für Suchtentstehung
Suchtverhalten – Abhängigkeiten im Alltag (Grafiken SH S. 2/3), eigene Beispiele	• Hinweise auf alltägliche Begegnungen mit Suchtgefahren für Jugendliche
Drogen und Gehirn – Sucht wird erlernt (SH S. 34)	• Ergebnisse der Gehirnforschung; Wirkung von Drogen auf das „Belohnungssystem"

Flyer: Alltägliche Sucht – alltägliche Flucht!?

U

Eine Stoffsammlung ist Grundvoraussetzung für das Gelingen von Schreibaufgaben. Sie ist die Basis der Gliederung, um wichtige Details für die Lösung der Schreibaufgabe nicht zu vergessen.
Die Abfolge der Inhalte im Flyer ist durch die Aufgabenstellung bereits vorgegeben:

1. Alltägliche Sucht? – Wo geraten Jugendliche damit in Kontakt?
2. Alltägliche Flucht – Was treibt Jugendliche in den Suchtmittelkonsum?
3. Schmaler Grad zwischen Konsum und Abhängigkeit
4. Alternativen zum Suchtverhalten – Vorschläge

Stoffsammlung für den Flyer

Alltägliche Sucht – alltägliche Flucht?!

Alltägliche Sucht

- Süchte im Alltag – wo?
- Welche Süchte: stoffliche und nichtstoffliche?
- Beeinflussung durch soziales Umfeld
- Beeinflussung durch Gesellschaft
- Verfügbarkeit von Suchtmitteln
- Alltag Jugendlicher anders als Erwachsener
- Vieles selbstverständlich

Alltägliche Flucht

- Wovor?
- Ursachen für die Suchtentstehung
- Suche nach Spaß/Entspannung/Abenteuer/ Ablenkung
- Besonderheiten der Pubertät (Ziele, Wünsche, Forderungen)

Vom Konsum zur Abhängigkeit

- Bedingungen des Konsums – Bedingungen der Abhängigkeit
- Was ist eigentlich Genuss?
- Genießen oder konsumieren wir Suchtmittel?
- Auswirkungen von Suchtmitteln – Veränderung der Häufigkeit des Konsums
- Gewöhnung
- Suchtmittel als Lebensmittelpunkt

Alternativen zum Suchtverhalten

- Auch einmal Nein sagen können
- Freizeitaktivitäten möglichst breit fächern
- Hobby suchen
- Lebensbewältigungsstrategien aneignen
- Genießen können
- Verantwortungsbewussten Umgang mit Suchtmitteln erlernen

U

Jugendschutz – Kontrolle – Verantwortung – Spaß – bekommt man das unter einen Hut?

Dieser übergreifende Schreibanlass ist sehr anspruchsvoll; die besondere Schülertätigkeit liegt darin, dass sie konkret auf Aussagen aus dem Text eingehen müssen.

Textsorte

Diese Schreibaufgabe verlangt, einen argumentativen Text zu formulieren, der eine persönliche Stellungnahme zum Zeitungskommentar enthält. Um diese zu finden, müssen die wichtigsten Behauptungen aus dem Kommentar und den Stellungnahmen der Schülerzeitungsredakteure entnommen und bewertet werden. Dies erfolgt im klassischen Argumentationsaufbau:

Thesen – Gegenthesen,

jeweils mit Begründungen, Belegen und Beispielen; wichtige dabei nach Möglichkeit entkräften – oder zeigen, wie Lösungen/Alternativen möglich wären.

Abwägen und Schlussfolgerungen ziehen

Wichtige Aussagen hervorheben, zeigen, worin die Alternativen liegen.

Schreibziel

Ziel ist es, die doch sehr ernst zu nehmende Tendenz des übermäßigen Alkoholkonsums Jugendlicher an Fasching (auch zu anderen Volksfesten) zu erläutern, indem man sich mit Aussagen aus einem Zeitungskommentar und von Schülern auseinandersetzt.

Vorarbeiten

- Texte lesen und auswerten
- Stoffsammlung: Argumente und Beispiele zusammentragen
- Eigenen Standpunkt bilden, der am Ende der Auseinandersetzung geprüft und gegebenenfalls revidiert werden kann

Mit folgenden Argumenten/Aussagen muss eine Auseinandersetzung stattfinden:

Zeitungsartikel:

- Polizisten betreiben an Fastnacht größeren Aufwand für die Sichtung betrunkener Jugendlicher als für die Sicherheit des Festes.
- 16-Jährige lassen sich schon regelmäßig volllaufen.
- Übermäßiger Alkoholkonsum zieht Aggressionen nach sich, die in der Gruppe noch potenziert werden.
- 16-Jährige dürfen in Deutschland Bier und Wein kaufen, in anderen europäischen Ländern nicht.
- Die Hochsetzung der Altersgrenze für die Erlaubnis, Alkohol zu kaufen, zeigt gute Erfahrungen.
- Händler, Veranstalter, Öffentlichkeit und Eltern müssen dazu bewegt werden, besser hinzuschauen.
- Politik setzt ausschließlich auf Aufklärungskampagnen statt auf Verbote bzw. veränderte gesetzliche Regelungen.

Schülerzeitungsredaktionsmitglieder:

- Alkoholexzesse 16-Jähriger sind heutzutage normal.
- Man kann sie nicht verhindern.
- Jugendliche müssen selbst Verantwortung übernehmen, dann ändert sich was.
- Jugendlicher Alkoholkonsum bringt auch Geld in die Kassen.
- Kontrolle überhaupt möglich?
- Jugendliche holen sich ihren Alkohol auch auf andere Weise.
- Jugendschutzgesetz muss nur eingehalten werden.

Schluss

- Gesellschaftliche Relevanz der kritischen Auseinandersetzung mit dieser Problematik hervorheben, unterstreichen und darstellen.
- Ein Netz von Bedingungen muss erfüllt sein, damit so etwas eingedämmt werden kann.
- Eigene Stellungnahme formulieren.
- Mögliche Ansätze vorschlagen, wie man diese Problem angehen könnte.

Diese Aufgabe ist nicht im Schülerheft aufgeführt.

Aufgrund der durchaus bedenklichen Entwicklungen im gewaltbereiten Verhalten alkoholisierter Jugendlicher, die auf dem Suchtkongress im September 2011 wieder in den Fokus rücken werden, haben sich die Organisatoren an Schulen gewandt und um Mithilfe gebeten.
Die Schulen wurden aufgerufen, ihre Vorstellungen von einer Präventionsveranstaltung zu dokumentieren, die landes- oder vielleicht auch bundesweit an Schulen organisiert werden könnte, um Jugendlichen den Ernst der Lage bewusst zu machen: Im Alltag Jugendlicher lauern viele Suchtgefahren, vor allem im Bereich des Alkoholkonsums wird deutlich, welch weitreichende Auswirkungen ein Suchtverhalten von Jugendlichen nach sich ziehen kann.
Die Aufgabe ist als Gruppenaufgabe formuliert, sodass Einzelne Schreibteile übernehmen können.

> Erstellt zunächst eine inhaltliche Konzeption dieses Präventionstages, gebt ihm ein Motto und verfasst dann eure Konzeption. Aus der wird deutlich, wo die Gefahren lauern, wer in welchem Maße davon betroffen ist, welche Auswirkungen Suchtverhalten haben kann und vor allem, wie man sich selbst und vielleicht auch andere davor schützen kann. Stellt mögliche Aktionen für diesen Tag vor und begründet, warum euch ein solcher Tag sehr wichtig ist.

! *Hinweis:* Eine inhaltliche Konzeption ist ein zusammenhängender Text, in dem die Notwendigkeit/Grundidee, der Ablauf und das Ziel der Veranstaltung erläutert werden. Grundlage ist natürlich ein „Plan“, eine Ideensammlung, die dann aber in einem Text aufbereitet wird.

Inhaltliche Schwerpunkte (abgeleitet aus der Aufgabenanalyse):

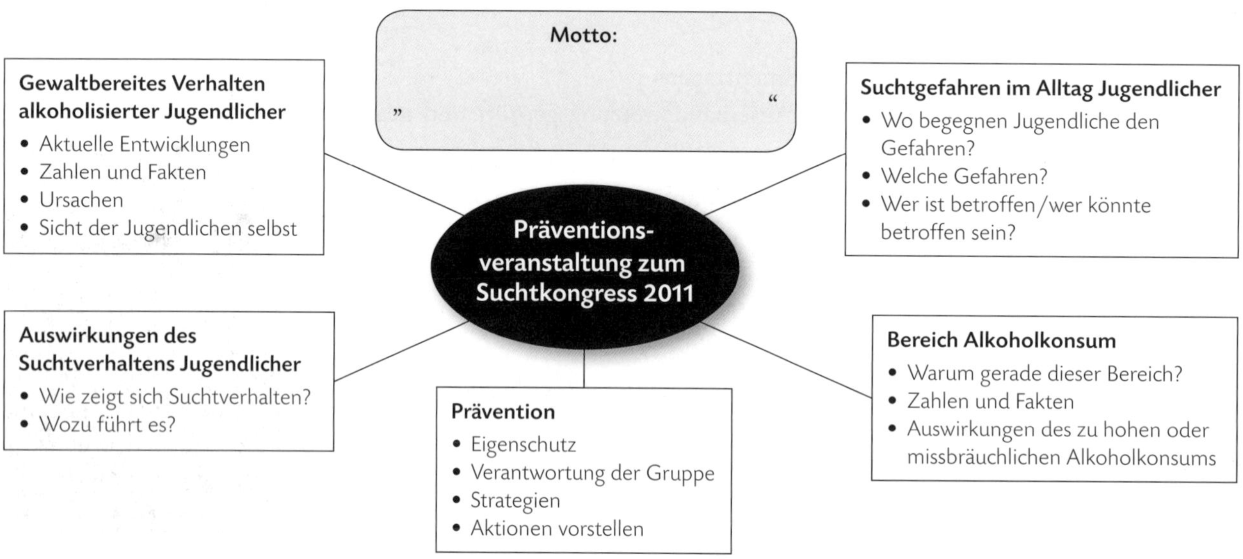

Deine Argumentationstätigkeit (Was willst du erreichen?):

- Erfindet ein Motto, das sowohl inhaltlich als auch sprachlich den Kern der Sache und den Zeitgeist der Jugendlichen trifft, also auch Aufmerksamkeit erregt.
- Verdeutlicht die Gefahrensituation der Jugendlichen – nennt Beispiele und auch Fakten.
- Stellt die Wichtigkeit der Prävention für Jugendliche dar.
- Setzt euch besonders mit dem Bereich Alkoholkonsum auseinander und belegt den Zusammenhang dessen mit der erhöhten Gewaltbereitschaft an Beispielen.
- Erläutert eure Sichtweise über die Anzeichen von Suchtverhalten (über den Alkoholkonsum hinaus) und dessen Auswirkungen.
- Entwickelt mögliche Aktionen und verdeutlicht deren eventuelle Wirksamkeit.

Adressaten:

Ihr schreibt nicht für Jugendliche, sondern für die Organisatoren des Suchtkongresses. Das sind alles Fachleute, die sich mit dem Thema Sucht intensiv beschäftigen. Wichtig ist daher, unter Beweis zu stellen, dass auch ihr euch umfassend informiert habt und mit Faktenwissen aufwarten könnt. Ebenso aber stellt die Aufgabe an euch den Anspruch, die Thematik aus der vernünftigen Sicht von Jugendlichen darzustellen, also die Lebensrealität der heutigen Jugendlichen zu berücksichtigen und keine utopischen Vorstellungen zu Papier zu bringen, die nur in der Theorie umsetzbar wären.

Auf den folgenden Seiten stellen wir Materialien über Glücksspielsucht und Kaufsucht bereit.

Die Glücksspielsucht wird bei den Verhaltenssüchten einige Male im Schülerheft angesprochen, insbesondere bei den Themen „Verfügbarkeit von Suchtmitteln". Mit der Kopiervorlage auf Seite 78 kann dieser Aspekt von einer Gruppe ergänzend bearbeiten werden, oder Sie stellen die Transfer-Aufgabe, am Beispiel dieser Verhaltenssucht die Abhängigkeitsursachen und Folgen herauszufinden.

Fakten und Trends

- Die Glücksspielsucht führt Tausende Betroffener (samt Partnern, Familie und oft Freunden) in den Ruin. 30 000 Menschen sollen in Deutschland an pathologischer Spielsucht leiden (gemessen an schwerwiegenden Folgen wie: Trennung vom Partner, Suizidversuche, finanzieller Ruin, Verurteilung wegen Diebstahl oder Betrug). Die Dunkelziffer ist hoch.
- Die meisten der Abhängigen in Beratung oder Behandlung sind männliche Patienten, im Alter von etwa 30 Jahren.
  Die häufigsten Glücksspielarten: Geldspielautomaten, Casinospiele (z. B. Roulette), Kartenspiele, Würfelspiele (z. B. Black Jack, Poker, 17 und 4), Pferdewetten, Börsenspiele.
  Das Internet hat das Angebot deutlich erhöht.
- Etwa drei Prozent der 13- bis 19-Jährigen weisen ein Spielsuchtpotenzial auf.
- „Besonders Kinder und Jugendliche werden durch das große Angebot von bestimmten Glücksspielen verführt und erst durch die ständige Verfügbarkeit auf die Idee gebracht, ein Spiel zu machen." So die Fachleute der Bundeszentrale für gesundheitliche Aufklärung.

Quelle: http://www.spielen-mit-verantwortung.de/gluecksspiele/gefahrenpotential/

Total verzockt?! Infos zur Glücksspielsucht für Jugendliche und junge Erwachsene.

16-seitige Broschüre, DIN A5, farbig. Bestellnummer 33211200, keine Schutzgebühr

- Glücksspiele und deren Gefahren
- die Entstehung von Glücksspielsucht
- wissensbasierte Quizfragen vermitteln Grundlagen zu Glücksspielen und Glücksspielsucht
- rechtliche Regelungen
- Selbsttest zur Einschätzung des eigenen Glücksspielverhaltens
- Hinweise auf Anlaufstellen, wenn Jugendliche glücksspielbezogene Probleme bei sich selbst oder anderen feststellen.

Die Broschüre kann auch bei der BZgA heruntergeladen werden:
http://www.bzga.de/infomaterialien/suchtvorbeugung/?idx=1641

Lösung Arbeitsblatt „Glücksspielsucht" von S. 78

Was Jugendliche verführt	Wann kann dadurch Suchtverhalten entstehen?
– der Reiz des Geldgewinns – Versprechungen der Werbung (suggerieren, dass es einfach ist) – Versuchung des Ausprobierens – Experimentierfreude im Jugendalter – Aussicht auf Erfolg in Form eines Gewinns – die Maschine beherrschen – Beeinflussung durch die Licht- und Soundimpulse und deren Rhythmus – Nervenkitzel – großes Angebot an Glücksspielen – leichte Verfügbarkeit	– Hoffnung auf den Gewinn löst positive Gefühle aus, die möchte man immer wieder haben – Enttäuschungen ausgleichen wollen – schnelle Gewinn- und Verlustentscheidungen (schnelle Abfolge der Spielhandlungen) – wenn man das Gefühl hat, das Spiel beeinflussen zu können – Verluste kompensieren zu wollen – Selbstüberschätzung

Versuche anhand unserer bisher erarbeiteten Ursachen eines Suchtverhaltens herauszufinden, was Jugendliche zum Glücksspiel verführt und wie dadurch sogar ein Suchtverhalten entstehen könnte.

•
•
•
•
•
•
•
•
•

Wie kann eine Spielsucht entstehen?

Dr. Jörg Petry, psychologischer Psychotherapeut mit Spezialisierung auf Glücksspielsucht:

„Eine Droge beeinflusst direkt das Nervensystem und löst dort Gefühle aus und Reaktionen. Während das Glücksspiel ein Erleben aktiviert, was kompensatorisch ist für Frustrationen im Alltag*. Ein Roulettespieler sagt, er will einen Abend mal eine grandiose Persönlichkeit sein und so wird er dann auch behandelt. Gewerbliche Geldautomatenspieler sagen uns, sie wollen abschalten. [...]"

„Das ist wie Alkohol trinken und einfach alles zu vergessen, nicht mehr drüber nachzudenken. Wie ein Rausch. Und sobald man die Spielhalle verlässt und nichts mehr hat, dann kommen die Gedanken wieder hoch und es erschlägt einen halt wieder."

http://www.dradio.de/dlf/sendungen/sprechstunde/1487210/ (Aufruf: 24.6.2011)

* Enttäuschungen ausgleicht

Aus einer Studie der Universität Bielefeld:

Fast 3 Prozent der 13- bis 19-Jährigen weisen ein Spielsuchtpotenzial auf, zwischen 0,2 und 0,5 Prozent der Erwachsenen.
600 000 Menschen gelten als süchtig nach Glücksspielen, zumeist Geldspielautomaten.
Besonders beliebt bei Jugendlichen: Glücksspiele im Internet wie Online-Poker, Geldspielautomaten in Imbissbuden oder Lokalen.
„Junge Menschen sind sehr experimentierfreudig. Die Versuchung, ein Glücksspiel einmal auszuprobieren, ist bei ihnen groß", sagte Professor Gerhard Meyer, Psychologe an der Universität Bremen. Da Jugendliche meist nur über wenig Geld verfügen, hätten mögliche Gewinne für sie einen großen Anreiz. [...]
Gerade die schnelle Spielabfolge der Automaten stellt für die Jugendlichen einen besonderen Reiz dar: „Mit jedem neuen Spiel entsteht die Hoffnung auf einen Gewinn. Diese Hoffnung löst bei dem Spieler positive Gefühle aus", erklärte der Psychologe. Viele Spieler nutzen das schnelle Spiel, um Probleme aus dem Alltag zu verdrängen.

Quelle: http://www.welt.de/wissenschaft/article1439352/Jugendliche_leiden_haeufiger_an_Spielsucht.html (Aufruf 14.6.2011)

Die Bundeszentrale für gesundheitliche Aufklärung (BZgA) hat ein Portal zum Thema Spielsucht online gestellt:

www

www.spielen-mit-verantwortung.de

Die Seite der Bundeszentrale für gesundheitliche Aufklärung (BZgA) in Zusammenarbeit mit den Gesellschaften des Deutschen Lotto- und Totoblocks bietet Informationen und Aufklärung über die Themen Glücksspiel und Glücksspielsucht. Sie informiert sowohl über das Gefahrenpotenzial einzelner Glücksspiele, als auch über die Entstehung und den Verlauf der Krankheit Glücksspielsucht.
Dazu ein Selbsttest und Infomaterialen.

„Spielteilnahme ab 18 Jahren." Glücksspiel kann süchtig machen."

Frustkäufe („kompensatorischer Konsum") kennt wohl jeder, auch die Situation, dass einige gekaufte Produkte ungenutzt bleiben. Sie haben ihren Zweck dadurch erfüllt, dass dem Zwang sie zu erwerben, nachgegeben wurde.

Die **Kaufsucht** (Ableitung aus: **Oniomanie**, griech. *onios* = „zu kaufen" und *Noemie*, pathologisches Kaufen) ist eine psychische Störung, die sich als zwanghaftes, episodisches Kaufen von Waren äußert. Die Kaufsucht wird ähnlich wie die Spielsucht zu den Zwangsstörungen oder zu den Impulskontrollstörungen gerechnet (beides bilden eigene Gruppen im ICD-10). Sie ist vielleicht die am weitesten verbreitete Impulskontrollstörung.

In den USA wird nicht von einer Kaufsucht, sondern von einem Kaufzwang (Compulsive Buying) gesprochen, dort existieren schon seit Ende der 1990er-Jahre Selbsthilfegruppen, die „Shopaholics Anonymous". Auch in Deutschland nimmt die Zahl der Hilfesuchenden und der Selbsthilfegruppen zu, ähnlich der Erfahrungen mit den „Anonymen Alkoholikern".

Fakten und Trends

- In einer Untersuchung werden 15 (West) bzw. 11 (Ost) Prozent der 15- bis 24-Jährigen als „kompensatorisch konsumierend" und 7 (Westdeutschland) bzw. 4 (Ostdeutschland) Prozent als kaufsüchtig eingestuft.
- Andere Quellen schätzen 6 Prozent der Jugendlichen zwischen 15 und 20 Jahren als kaufsüchtig ein.
- 5 Prozent aller Erwachsenen gelten als „stark" und 20 Prozent als „deutlich" gefährdet.
- 80 Prozent der Kaufsüchtigen sind Frauen, bei den Jugendlichen nimmt der Anteil der männlichen Betroffen jedoch zu. Offensichtlich besteht zwischen der Internetnutzung und einer Kaufsuchttendenz ein Zusammenhang.
- Ärzte und Therapeuten, die Betroffene behandeln, sehen im dranghaften Kaufimpuls eine „Ventil-Funktion" für Probleme aller Art. Genannt werden häufig Familien- oder Partnerschaftsbeziehungen, berufliche und andere Belastungen oder Überforderungen, die mit anschließender Kaufbefriedigung „ausgeglichen" werden sollen.
- Die stetige Zunahme wird unter anderem durch die Beeinflussung unserer konsumorientierten Weltanschauung erklärt. Da sich viele Jugendliche mehr denn je über das Konsumieren definieren (Handy, Handytöne, Kleidung etc.) sind sie besonders beeinflussbar.

Wann beginnt eine Abhängigkeit?

Wo ist jedoch die Grenze zwischen einer „Gefährdung" und einer Kaufsucht?
Analog zu den Abhängigkeitsmaßstäben lassen sich als Kriterien aufführen:

Kaufsucht liegt dann vor, wenn zu kompensatorischem Konsum die für Suchtverhalten typischen Symptome hinzukommen. Dazu zählen:

- Verengung auf bestimmte Objekte
- Unwiderstehlichkeit
- Dosissteigerung
- Auftreten von Entzugserscheinungen

Unter den betroffenen Jugendlichen lassen sich [...] diverse Gemeinsamkeiten feststellen:

- sie haben Probleme Gefühle zu zeigen und sie auszuleben
- sie leiden unter Minderwertigkeitsgefühlen und fühlen sich inkompetent
- sie haben Angst, Aufgaben zu übernehmen, weil sie versagen könnten
- sie haben häufig auch Angst, enge Beziehungen einzugehen, weil man enttäuscht werden könnte
- sie zeigen häufig Entscheidungsschwächen, überlassen gerne anderen die Entscheidung.

Christine Kammerer, „Konsum als Kompensation".
http://www.elternratgeber.de/magazin/magazin_entwicklung_erziehung.xtp?id=191 (Aufruf: 30.8.2011)

Nicht zu vergessen ist, dass oft eine hohe Verschuldung, ja Überschuldung hinzukommt.

An der Kaufsucht lassen sich der Zwang des „kompensatorischen Konsums" und die Funktion von *Ersatzhandlungen* auch für Jugendliche leicht nachvollziehen. Diese Bewusstmachung ist die Intention des Arbeitsblattes. Es kann somit auch unabhängig von der Thematik Kaufsucht, im Zusammenhang mit dem „Tankmodell" oder dem Bewusstmachen von *Ersatzhandlungen* bei der Auswertung alltäglicher Situationen eines Suchtverhaltens verwendet werden.

Auch kann besonders deutlich die Notwendigkeit einer Grenzziehung verdeutlicht werden, dass nicht jede Ersatzhandlung gleich in eine Sucht führt.

Unsere Schülerzeitungsredakteurin weist mit ihren „Accessoires“ auf ein weit verbreitetes Verhalten hin.

Kennst du Situationen, wo du unbedingt etwas kaufen wolltest, oder auch gekauft hast, obwohl du eigentlich wusstest, dass du es nicht benötigst?

Produkt, das ich gekauft habe:	**Der Auslöser für den drängenden Kaufwunsch?**
1)	
2)	
3)	

Wie hast du dem Drang widerstanden, ein Produkt zu kaufen, das du eigentlich nicht brauchtest?

Versuche eine Antwort auf die Frage, in welchen Situationen wir Menschen uns etwas kaufen, um damit andere Bedürfnisse oder Belastungen „auszugleichen“. Wann würdest du sagen: „Achtung, hier beginnt ein Zwang!“ oder „Achtung: Hier wird dein Kaufverhalten gefährlich!“

Stéphane Berghe, Illustrator